이기는 멘탈

.

이기는멘탈

The WINNING MENTALITY

챔피언의 심리코치가 전하는 4단계 멘탈 강화 트레이닝

정그린 지음

와이즈맵

전쟁터가 아닌 분야는 없다

20대 초반, 외국에서 들어온 다양한 서적을 보며 세계적으로 성공한 기업의 CEO들이 멘탈코칭을 받는다는 사실을 접하고 적잖은 충격을 받았다. "정말 대단한 사람들이구나.", "멘탈까지도 코칭받는다고?", "어떻게 하면 저렇게 열린 태도를 가질 수 있을까?" 처음에는 거대한 부의 제국을 일궈낸 CEO들에 대한 동경이었다. 그러다 어느 순간 그들을 '코칭하는 사람'에게 관심이 기울었다. "나도 저런 사람이 되고 싶어. 저런 직업은 어떻게 갖는 걸까?" 나는 인터넷, 도서, 기사, 논문 등 코칭 심리 전문가들을 다룬 정보를 닥치는 대로 파헤쳤다. 지금 내가 20여 년째 걸어가는 이 여정의 시작이었다.

'판도라의 상자를 열어라. 당신의 잠재력은 무한대로 뻗어나갈 것이다'라는 말이 있다. 하지만 무한한 에너지를 품은 그 상자는 너무도 깊은 곳에 감춰진 탓에 찾아내기가 쉽지 않다. 상자를 찾다 보면 자기 자신조차 내면에 그런 상자가 있다는 사실을 의심하게 되고, 어느 순간 기억 저편으로 지워버리고 만다.

세상 모든 분야는 무한경쟁이 펼쳐지는 전쟁터다. 글로벌 기업과 프로 스포츠는 물론 동네 편의점이나 분식집도 치열한 승부에서 이겨야만 살아남을 수 있다. 어려운 시험을 통과해야 하는 수험생 또한 오랜 시간에 걸친 경주를 견뎌야 한다. 물론 자본과 전략, 투자와 기술 등도 중요하지만, 그 모든 요소를 넘어서는 결정적 열쇠는 바로 '멘탈'이다.

나는 늘 멘탈이란 '마음의 근육'이라고 설명한다. 우리가 몸에 근육을 만들고 유지하려면 끊임없는 훈련이 필요하다. 이때 트레이너는 적절한 운동법을 알려주고, 자칫 나태해지거나 포기하고 싶을 때 마음을 바로잡아 준다. 마찬가지로 마음의 근육에 적합한 훈련 방법을 알려주고 프로그램을 설정해 고객이 올바른 목표를 향해 나아가도록 도와주는 사람은 바로 나 같은 '심리코치'다. 운동을 게을리하면 근육이 빠져나가듯, 마음의 근육도 방심하는 순간 약해진다. 이제 나와 함께 마음 근육을 꾸준히 키워보자. 우리 멘탈을 한 단계 성장시키는 도전을 함께 시작해보자.

2024년 6월

심리코치 정그린

차례

Part 5 •

삶의 무기가 되는 멘탈코칭 3단계: 행동 변화

Part 6 •

삶의 무기가 되는 멘탈코칭 4단계: 습관화

1
Part

삶을 바꾸는 무기,
이기는 멘탈

"2016년 리우 올림픽 출전을 앞두고 한동안 힘든 시기를 보냈다. 그러던 중 멘탈코칭을 시작해 강점을 살리고 불안을 없애는 법을 배웠다. 용기를 얻은 덕에 골프는 물론 생활에서도 편안한 마음가짐을 갖게 됐다."

박인비 선수
2016년 리우 올림픽 골프 금메달리스트

1

'멘탈'은
어떻게 무기가 되는가

LPGA 최장기 1위 고진영,
흔들리지 않는 챔피언

#1

LPGA* 메이저 대회 마지막 라운드, 마지막 홀이다. 퍼터를 떠난 골프공이 홀 속으로 빨려 들어가는 순간, 주변에서

환호성이 터지고 박수갈채가 쏟아진다. 함께 경기한 선수들이 다가와 축하 인사를 건네고 옆에서는 샴페인을 터뜨린다. 묵직한 트로피를 품에 안으니 비로소 우승한 게 실감 난다. 수많은 기자가 꺼내든 카메라가 일제히 나를 향해 플래시를 터뜨린다. 그렇게 나는 세계 랭킹 1위 자리에 올랐다.

#2

한 홀에서 5타를 잃는 실수를 저질렀다. 정신이 하나도 없다. 참가자 78명 중 76위. 선두와는 무려 16타 차이까지 벌어지고 말았다. '충격의 8오버파', 'LPGA 데뷔 후 최악의 성적', '세계 랭킹 1위 수성에 적신호가 켜졌다'라며 온갖 부정적인 기사가 쏟아져 나온다. 모든 관심이 우승자에게 몰린 사이 골프백을 메고 조용히 경기장을 떠났다.

위 두 장면은 한 사람이 겪은 상반된 순간이다. LPGA 세계 1위 자리를 오랫동안 지킨 고진영 선수는 우승과 탈락을

---

* 여자프로골프협회. 미국 LPGA는 2월에서 11월까지 최상급 여성 골프선수들이 참여하는 투어를 주관한다.

모두 경험했다. 그가 보여준 활약은 영국 BBC에서 '타이거 우즈의 전성기가 떠오른다'라며 극찬을 아끼지 않을 정도였다. 그런 고진영 선수에게도 부상과 슬럼프가 찾아왔다. 짧지 않은 기간 동안 이전과 다르게 나쁜 성적을 기록했고, 회복이 쉽지 않을 거라는 기사까지 나왔다. 하지만 고진영 선수는 우려 섞인 시선과 부정적인 평가에도 아랑곳하지 않고, 보란 듯이 우승 트로피를 되찾았다. 우승하는 짜릿한 순간에도, 견디기 힘든 좌절과 슬럼프를 겪은 기간에도 그가 보여주는 모습은 일관됐다. 지나치게 흥분하지도, 지나치게 흔들리지도 않았다. 고진영 선수는 어떻게 이처럼 극적인 순간에도 담담할 수 있었던 걸까? 이런 모습의 근간에는 성실한 훈련과 빼어난 기술 외에도 한 가지 요소가 더 있었다. 바로 '이기는 멘탈'이다.

현대를 살아가는 우리는 극심한 경쟁과 스트레스 상황을 거치며 누군가를, 또는 스스로를 이기기 위한 삶을 이어간다. 이런 환경은 우리 멘탈에 큰 영향을 미친다. 우리는 '멘탈이 강하다' 혹은 '멘탈이 무너졌다'라는 말을 습관처럼 쓰지만 정작 '멘탈'이란 무엇인지, 어떤 멘탈이 강한 건지 잘 모른다. 또 이런 멘탈은 타고나는 것인지, 아니면 후천적인 노력으로 만들어지는 것인지도 모른다. 왜 지금 '멘탈'에 주목해야 하는지 거의 생각하지 않는다. 그러나 지금부터는 우리 삶을 뒤흔드는 요소가 넘쳐나는 세상에서 '이기는 멘탈'을 갖는 게 얼마나 중요한지 알아보고자 한다.

멘탈이란
무엇인가

사람들은 흔히 '멘탈'이란 무쇠처럼 단단하고 어떤 상황에서도 부러지지 않는 '강인한 정신력'이라고 생각한다. 하지만 '멘탈이 강하다'라는 말에 담긴 진정한 뜻은 사람들 생각과는 꽤 다르다. 나는 '강한 멘탈', 즉 '이기는 멘탈'이란 부서지지 않는 정신력이 아니라 '어떤 상황에도 유연하게 대처하는 삶의 태도'라고 본다. 멘탈은 자연스럽게 흘러가는 마음가짐이다. 물론 흔들리지 않고 단단한 게 장점이 될 때도 많다. 하지만 압력을 받으면 단단한 탓에 오히려 쉽게 부러질 수 있고, 굳센 의지가 고집으로 변할 수도 있다. 상황에 연연하지 않고 평정심을 지키며 실력을 발휘하는 '유연함'이야말로 무엇보다 강력한 무기다.

　그래서 멘탈은 절대로 포기하지 않는 끈기와도 다르다. 상황이 어떻든 끝까지 매달리는 태도는 위대한 성과를 낳기도 하지만, 자칫 잘못하면 회복하기 어려울 만큼 무너지게 할 수도 있다. 진정 강한 멘탈은 '포기하고 넘어진 뒤에도 다시 일어설 수 있는가'에 달렸다. 의미 있는 일이라면 다시 시작할 줄 알아야 한다. 의미 없는 일이라면 과감하게 포기하는 용기도 필요하다. 의미도 쓸모도 없는 일을 끌어안는 건 끈기가 아니라 미련이다. 의미 있는 일에 끊임없이 도전하려면 우선 자기에게 중요한 의미를 찾고, 그 일을 왜 하려는지 생각해봐야 한다. 자신에게 중요한 가치를 한 번도 생각해본 적 없는 이들을 위해, 이 책에서 그 모든 과정을 함께할 것이다. 의미와 목표를 찾은 후에는 단숨에 끝까지 달리려 하지 말고 중간중간 쉬기도 하면서 속도를 조절하자. 결국에는 목표를 이룰 수 있도록 말이다.

　세상에 절대적으로 강하거나 약한 멘탈은 없다. 멘탈을 그렇게 정의하는 순간 딱딱한 틀에 갇힐 뿐이다. 우리는 그런 고정관념에서 벗어나야 한다. 이 책을 읽는 여러분도 '나는 멘탈이 너무 약해'라며 자기 자신을 괴롭힐 필요가 없다.

누구나 '이기는 멘탈'을 가질 수 있다. 지금부터 시작하면
된다.

지금 '이기는 멘탈'에
주목해야 하는 이유

이기는 멘탈은 우리 삶에서 얼마나 중요할까? 사람들은
멘탈이 지금보다 강해지길 바란다. 이 책을 읽는 당신도 마
찬가지다. 서점에서 이 책을 고른 이유는 멘탈을 단련하고
일, 학업, 인간관계, 자기계발, 인생설계 등에서 더 나은 삶
을 살기 위함일 것이다. 유감이지만 이 책에서는 사람들이
흔히 떠올리는 특수부대 군인처럼 강인한 정신력을 기르는
방법을 다루지 않는다. 그처럼 '쓰러지지 않는 멘탈'은 내가
진행하는 코칭 심리의 본질과도 차이가 있다.

앞에서 말했듯이 멘탈은 곧 '삶을 대하는 태도'다. 바꿔
말하면 멘탈이란 삶의 방향을 정하는 나침반과 같다. 우리
는 이 책을 통해 자기 자신이 어떤 마음가짐으로 삶을 대하
는지 돌아보는 시간을 갖게 될 것이다. 무한경쟁이 벌어지

는 사회에서 다른 누군가를 상대로 뺏고 뺏기는 싸움을 벌이기보다는, 멘탈을 강화해 자기 스스로 잘 살아가는 방법을 터득해야 한다. 우리 목표는 그 과정에서 행복과 만족을 느끼고 멘탈도 성장하는 경험을 쌓는 데 있다.

우리는 살면서 수많은 일을 겪으며 성장하기도 하지만, 언젠가는 반드시 좌절하는 순간에 부딪힌다. 하지만 그럴 때마다 멘탈이 무너졌다고 낙담하거나 포기할 수는 없다. 소위 강한 멘탈을 가진 사람들은 예고 없이 찾아오는 위기를 어떻게 견뎌낼까? 그들이 강한 멘탈 덕에 넘어지지 않으리라고 생각한다면 큰 착각이다. 그들도 똑같이 아파하고 무너진다. 다만 그 순간에 잠시 쉬었다가 다시 일어설 줄 안다는 게 가장 큰 차이점이다. 자기만의 명확한 방향과 목적을 아는 사람은 힘들고 어려운 상황에도 유연하고 현명하게 대처한다.

멘탈이 강한 사람들에겐 뚜렷한 공통점이 있다. 이들은 자기가 처한 상황을 누구보다 잘 안다. 주변 환경 파악도 빠르다. 다시 말해 '객관화'를 잘한다. 자기 감정이 어떤지, 지금 어떤 상황에 놓였는지, 어떤 방법으로 문제를 해결할지 객관적으로 생각할 줄 안다. 누구에게나 자기 자신에 대한 편견이 있지만, 객관화를 잘하는 사람은 이런 편견이 나쁜 영향을 미치지 않도록 제어한다. 다른 사람에게 다양한 의견을 듣고 받아들이는 열린 자세도 갖고 있다. 이때 녹화나 녹음 등을 적극 활용한다면 한층 객관적인 자기 평가와 분석에 도움이 된다.

멘탈이 강한 사람들은 주관적인 시선이 아니라 제3자의 눈으로 자신을 바라보면서 강점과 약점을 정확하게 파악한다. 어려운 문제가 생겨도 빠르게 상황을 판단하고 자기만의 강점을 발휘해 문제를 해결할 수 있다. 또한 원하는 결과에 다다르지 못하더라도 좌절하지 않는다. 아쉬운 결과라도 약점을 보완할 기회로 활용해 실패를 반복하지 않도록 예방하기 때문이다.

멘탈을
바꿀 수 있을까?

강하거나 약한 멘탈은 처음부터 타고나는 게 아닐까? 이런 호기심을 가진 학자들은 훈련으로 멘탈을 단련할 수 있는지 검증하는 수많은 연구를 진행했다. 연구 초기에는 멘탈도 성격처럼 타고난 유전적 요소와 성장 환경에 큰 영향을 받는다고 여겼다. 그런데 요즘은 유전적 요소와 환경을 극복하는 사례가 늘고 있다. 멘탈을 단련하려는 우리에겐 반가운 소식이다.

베토벤은 청각 장애와 가정폭력이라는 나쁜 환경에서도 음악에 대한 열정과 연습을 바탕으로 위대한 업적을 남겼다. 달라이 라마는 생사를 오가는 어려움에 자주 직면했지만 자기 훈련과 명상으로 내적 안정과 공정한 태도를 지키며 세계 평화에 이바지했다. 호주의 육상선수 매디슨 드 로자리오는 어릴적 겪은 척수 손상으로 하체를 움직일 수 없었다. 하지만 강한 의지를 품고 훈련해 휠체어 마라톤 선수로 거듭났다. 결국 그는 패럴림픽 메달리스트 자리까지 올랐다.

타고난 조건과 주어진 상황이 열악했음에도 결국 성공을 이뤄낸 사람들의 멘탈은 무엇이 달랐을까? 해답은 바로 '학습'에 있다. 여기서 말하는 '학습'이란 좋은 대학을 나오거나 석·박사 학위를 받는 게 아니다. '성장'에 초점을 맞추고 열린 마음으로 세상을 바라보며, 모든 일에서 배우려는 자세를 갖추는 과정을 뜻한다. 앞서 말했듯이 강한 멘탈을 갖는다는 건 세상과 자신을 대하는 좋은 태도를 품는 일이기 때문이다.

멘탈은 분명 바꿀 수 있다. 배움의 문을 활짝 열면 된다. 당신은 지금 어떤 마음으로 세상을 바라보는가? 마음을 짜증과 무기력함으로 가득 채우고 있지는 않은가? 그래서 세상으로 향하는 배움의 문을 닫아두고 있지는 않은가? 스스로 질문하고 솔직하게 답해보자. 그리고 앞으로 어떤 태도로 무엇에 초점을 맞추며 살아갈지 생각해보자.

당신이 택한 주제가 무엇이든 좋다. 우리는 이 책을 통해 자기 자신의 상태를 점검하고, 진짜 원하는 걸 찾고, 주제에 맞는 목표를 설정할 것이다. 지체 없이 행동으로 옮기며 목표를 향해 한 발씩 나아갈 것이다. 일시적인 행동에 그치지 않고 습관으로 정착시킬 것이다. 그리고 마침내 이 습관을 삶의 일부로 만드는 과정을 함께 이뤄나갈 것이다. 사람은 누구나 무한한 가능성과 잠재력을 품고 있다. 그건 당신도 마찬가지다. 이제는 내면에 숨은 '에너지 상자'를 열 때다.

2

숨은 잠재력을 깨우는
'코칭 심리'

멘탈을 훈련하는 단계로 빠르게 넘어가고 싶겠지만, 조금만 기다려주시라. 어떤 접근법으로 이기는 멘탈에 다가설지 잠시 이론적인 이야기를 전하려 한다. 여러분은 이 책을 따라가며 자기 자신의 심리코치로 거듭날 것이다. 그런 만큼 다소 생소한 '코칭 심리'라는 개념을 간단히 알아보고 넘어가자.

우리는 일과 삶 사이에서 효과적으로 균형을 잡고 자기계발을 통해 강점을 키우길 원한다. 이를 위한 다양한 도구 중에서도 '코칭 심리'는 인간의 성장과 변화에 초점을 맞춘 창의적인 방법론이다. 이 책 전반에 걸친 프로그램은 코칭 심리에 기초한다. 코칭 심리는 사람들이 내면의 잠재력을 믿고 발견하도록 도울 뿐만 아니라, 현장에서 효과적으로 힘을 끌어내게 해준다. 또한 스스로 발견하지 못한 요소를 가시화해 자기 힘으로 문제를 해결할 능력도 길러준다.

코칭 심리의 중요성은 이미 전 세계에서 인정받고 있다. 개인은 물론 기업에서도 업무에 코칭 시스템을 도입해 새로운 문화를 만든 사례가 많다. 프로 스포츠 분야를 비롯해 글로벌 스타들이 소속된 엔터테인먼트 기업도 코칭 심리를 통해 스트레스 해소와 멘탈 관리를 돕는 데 앞장선다. 애플의 창업자 스티브 잡스는 주말마다 심리코치와 산책하며 대화를 나누는 과정에서 문제의 해결책을 찾았다고 한다. 다양한 글로벌 기업이 사내에 코칭 프로그램을 만들어 직원들이 마음에 품은 가능성을 발견하고 업무를 창의적으로 이끌어가도록 지원한다. 구글은 코칭 심리를 업무 지원 및 리더십 개발 도구로 활용하는 한편, 자체 개발한 '내면 검색Search Inside Yourself 리더십 프로그램'을 운영하며 직원들이 서로 지

원하고 성장하는 환경을 조성한다. IBM 역시 내부 코칭 프로그램을 구축해 개인 역량 개발을 촉진한다. 직원들은 목표 설정, 역량 강화, 직무 성과 향상 등 다양한 주제로 멘탈 코칭을 받으며 피드백과 조언을 얻는다. 아마존 설립자 제프 베조스는 사업 초기부터 리더십 코칭을 강조했고, 중간 관리자들이 코칭 기술을 강화하도록 교육 프로그램을 제공한다. 아마존은 이를 통해 팀원들을 훌륭하게 이끄는 리더를 길러내고, 개인의 업무 성과 향상과 능력 개발을 돕는 전략적인 코칭을 추구한다. 메타 COO였던 셰릴 샌드버그는 "사람들의 잠재력을 끌어내는 코칭 심리가 더 널리 보급돼야 한다"라고 말했다. 이렇듯 '코칭 심리'는 업계 최고 전문가들이 인정하고 도입하는 시스템이다.

성과를 끌어올리는
코칭 심리

코칭, 심리치료, 상담 같은 용어는 이제 평범하고 익숙한 개념이 됐다. 하지만 '코칭 심리'는 여전히 생소한 개념이다.

우리나라에서 코칭 심리는 주로 기업 임원을 교육하는 리더십 코칭 형태로 도입됐다. 코칭 심리의 핵심 키워드는 '습관Habit', '행동Action', '변화Change', '성장Growth'으로 정리할 수 있다. 습관 및 행동 변화를 거쳐 각자가 지닌 잠재력을 일깨워주면 본인이 진정으로 원하는 게 무엇인지 더 명확하고 선명하게 알 수 있다. 이를 바탕으로 변화하고 성장하는 과정에 더 효율적으로 접근하게 된다. 코칭 심리에서는 고객을 '문제 있는 사람' 또는 '바꿔놔야 하는 사람'으로 여기지 않는다. 다시 말해 코칭 심리란 삶을 '업그레이드' 하도록 돕는 작업이다.

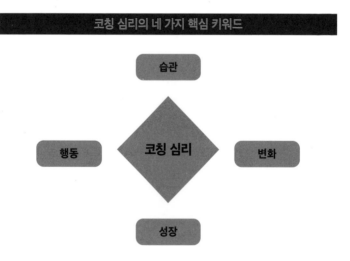

코칭 심리의 네 가지 핵심 키워드

습관

행동   코칭 심리   변화

성장

'심리치료'는 코칭 심리와 많이 헷갈리는 개념이다. 그러나 단순히 '불안정한 심리 상태를 정상범위로 돌려놓는' 심리치료는 코칭 심리와 상당한 차이가 있다. 코칭 심리의 목적은 '자신도 몰랐던 잠재력을 끌어올려 한 단계 더 성장'하는 데 있기 때문이다. 우울하거나 심리적으로 아픈 상태를 정상으로 고치는 치료와는 다르다. 물론 그 과정에서 불안정한 마음 상태를 바로잡고자 심리치료기법을 동시에 쓰기도 한다. 하지만 코칭 심리의 본질적인 목표는 그에 그치지 않고, 숨은 가능성과 잠재력을 끌어올려 주도적으로 살아가도록 돕는 데 있다.

코칭 심리는 심리학, 그중에서도 '긍정심리학'에 뿌리를 둔다. 긍정심리학은 부정적인 생각의 늪에서 빠져나와 긍정적 사고를 극대화함으로써 문제를 해결하고 난관을 극복한다. 이게 바로 코칭 심리의 핵심이다. 긍정심리학을 창시한 사람은 펜실베이니아대학교 심리학 교수 마틴 셀리그먼이다. 긍정심리학이 태동한 1990년대 당시만 해도 심리학은 불안, 우울, 스트레스 같은 부정적 감정에 초점을 맞췄다. 반면 긍정심리학은 약점보다는 강점과 미덕 등 긍정적 감정에 초점을 맞춘 획기적인 학문이었다.

전통 심리학이 정서적으로 불안정하거나 힘겨운 상태에 놓인 사람을 '치료'하려고 했다면, 긍정심리학은 일반인도 잠재력을 발휘하고 행복하게 살아가도록 관점을 넓혔다.

그렇다고 긍정심리학이 긍정적인 부분만 극단으로 강조하는 학문이라는 말은 아니다. 긍정심리학은 긍정적인 부분과 부정적인 부분 사이에서 균형을 맞춰 좀 더 가치 있는 행복을 찾는 데 의의를 둔다.

긍정심리학에서 인간은 스스로 통제할 수 없는 힘 탓에 무너지는 나약한 존재가 아니라, 그 힘에 적응하고 대처할 잠재력을 가진 존재다. 또한 꾸준한 '훈련'으로 조화를 이루고 정서적 행복을 찾아가는 존재다. 이런 관점이 코칭 심리로 발전한 것이다. 결국 코칭 심리는 개인이 처한 지엽적인 문제에 그치지 않고, 심리를 기반으로 일상생활, 인간관계, 사업, 학습, 관점 등 총체적인 부분에 작용하며 성과를 끌어올리는 도구다. 인생 전반에 걸쳐 자신에게 도움이 되는 긍정적 측면을 자각하고 찾도록 한다.

코칭 심리의
네 가지 무기

코칭 심리 과정에서는 다양한 도구를 쓴다. 마음을 열고 정보를 공유하며, 함께 진정한 목표를 찾고 그 목표를 위해 변화하는 수준까지 발전하기 위함이다. 이때 대표적으로 활용하는 네 가지 무기는 바로 '질문'과 '경청', '피드백'과 '침묵'이다. 자기 자신의 심리코치로 거듭날 우리는 이 도구들을 적절히 활용할 줄 알아야 한다.

① 질문

우선 질문은 자기 자신을 정의하게 한다. 질문은 미처 깨닫지 못한 부분을 자각하고, 알면서도 늘 지나친 점을 강하게 인식하고, 새로운 관점으로 생각하게 한다. 다시 말해 혼자서는 생각하기 힘든 다양한 관점에서 자신을 돌아보도록 유도한다. 누군가 톨스토이에게 다음과 같은 질문을 던졌다. "인생에서 가장 중요한 시기는 언제고, 가장 중요한 사람은 누구며, 가장 중요한 일은 무엇입니까?" 톨스토이는 이렇게 답했다. "가장 중요한 시간은 현재고, 가장 중요한 사람은 지금 함께 있는 사람이며, 가장 중요한 일은 지금 함께 있는 사람에게 선행을 베푸는 것이다."

자기 자신에게 똑같은 질문을 던져보자. "내 인생에서 가장 중요한 시기는 언제고, 가장 중요한 사람은 누구며, 가장 중요한 일은 무엇인가?" 대부분은 스스로 이런 질문을 해본 적이 없는 탓에 낯설게 느낄 테고, 이런 질문을 생각하며 살아온 사람도 스스로 묻고 답하면서 더 깊이 인식하는 계기가 될 것이다. 분명한 사실은 좋은 질문이 인생의 가치를 한 단계 높은 차원으로 이끈다는 점이다.

질문에는 다양한 효과가 있지만, 가장 중요한 역할은 생각을 자극함으로써 스스로 깨닫게 만드는 것이다. 코칭 과정에서는 '닫힌 질문'이 아니라 '열린 질문'을 쓴다. '닫힌 질문'이란 여러 선택지 중 하나를 고르게 하는 객관식이다. "지금 기분이 좋지 않은가요? 아니면 괜찮은가요?", "오늘 즐거웠나요? 아니면 별로였나요?" 이처럼 닫힌 질문은 답변을 유도하기는 쉽지만 다양한 생각으로 이어질 고리를 잘라버리거나 대화의 단절을 가져오기도 한다.

반대로 '열린 질문'은 정해진 답 없이 다양한 생각을 유도한다. 앞서 예로 든 닫힌 질문과 같은 내용이라도 "지금 기

닫힌 질문과 열린 질문

닫힌 질문	열린 질문
지금 하는 일은 재미있나요?	지금 하는 일은 당신에게 어떤 의미가 있나요?
당신의 직업에 만족하시나요?	① 당신의 직업 만족도는 1~10점 중에서 몇 점인가요? ② 그 점수를 준 이유를 말씀해 주시겠어요?
이 부분을 개선하시겠어요?	이 부분을 어떻게 생각하시나요?
오늘 학교에서 별일 없었지?	오늘 학교에서는 어땠니?
이 모임은 언제 끝내면 좋을까요?	이 모임을 어떻게 생각하시나요?
우리 관계는 계속 이어지겠지?	우리 관계가 어떻게 되길 원하니?
돈 때문에 여기 오셨나요?	어떤 이유로 여기 오셨나요?

분은 어때요?", "오늘 하루는 어땠나요?"라는 식으로 묻는다면 더 폭넓은 자유연상을 불러온다. 자유연상은 창의력과도 이어지며 상대가 강력한 동기를 찾게끔 돕는다. 능률은 물론 성취감까지 끌어올리는 효과를 거둘 수 있다.

가령 골프선수와 코칭 심리를 진행할 땐 왜 골프를 시작했는지, 골프에서 얻고자 하는 정확한 성과가 뭔지 스스로 질문하고 답을 찾아가는 과정을 거친다. 그러면 놀랍게도 그 해답을 자연스레 자각하는 현상이 일어난다. 그런데 이렇게 자각한 바가 있더라도 곧장 행동으로 옮기거나 변화를 가져오기는 쉽지 않다. 이때 나 같은 심리코치가 그 과정을 계속 이끌어주고 지지해주는 역할을 한다. 질문을 던져 답을 찾고, 자각한 내용을 적절한 행동으로 옮기는 과정에서 비로소 잠재력을 끌어올릴 환경이 만들어진다.

물론 이때 심리코치가 꼭 제3자일 필요는 없다. 질문을 던지고 대답을 들어주며 적극적으로 지지하는 심리코치 역할에 가장 적합한 사람은 바로 '자기 자신'이기 때문이다. 스스로 묻고 답하는 게 어색하다면 노트나 스마트폰에 메모하거나 녹음하는 방식을 시도해보자. 생각보다 놀라운 효과를 거두게 될 것이다.

② 경청

사람이라면 누구에게나 자신을 드러내고 싶은 '인정 욕구'가 있다. 심리학 관점에서 보면 이 욕구 역시 해소할 대상이다. 음식을 먹으면 소화하고 배출해야 하듯이, 우리 마음도 누군가에게 이야기하면서 소화하고 배출해야 한다. 많은 사람이 다른 이에게 자기 이야기를 들려주면서 이런 욕구를 해소한다.

그런데 자기 이야기를 들려주는 것만큼 중요한 게 있다. 바로 잘 듣는 일이다. 소통은 말하는 사람과 듣는 사람, 즉 화자와 청자의 상호작용으로 이뤄진다. 책은 저자와 독자로 구성된다. 혼자 쓰는 일기조차도 지금 일기를 쓰는 나와 미래에 독자가 될 나로 구성된다.

사람들은 자기 이야기에 진심으로 귀 기울여주는 이에게 마음을 열고, 그와 더 많은 이야기를 나누고 싶어 한다. 누군가에게 가볍게 자기 문제를 이야기했을 뿐인데 답답한 마음이 후련해진 경험이 있을 것이다. 그건 상대방이 경청하는 자세로 당신이 하는 말에 귀를 기울여줬기 때문이다. 경청하는 자세를 더한다면 말하는 사람은 물론 듣는 사람도 대화가 즐거워진다. 또한 화자는 경청하는 사람 앞에서 자신감을 얻는다. 평소 부족했던 용기가 샘솟고 상대에게 특별함을 느끼기도 한다. 그 즐거움 속에서 뇌는 활성화되고 이야기는 풍부해진다. 상대가 보내는 위로와 지지도 느낄 수 있다. 짧은 대화일지라도 누군가에게 인정받는다고 느낀다면 가치 있는 경험이 된다.

코칭 심리에서 경청을 강조하는 이유는 주변 관계뿐만 아니라 자기 자신이 성장하는 데도 올바른 상호작용이 매우 중요하기 때문이다. 그동안 무심했던 내면의 진솔한 이야기에 귀를 기울이는 건 변화를 위한 첫걸음을 떼는 일이다. 앞서 질문의 중요성을 강조한 이유도 이와 같은 맥락이다. 스스로 질문하며 자기 자신이 하는 이야기에 귀를 기울여야 한다.

우리는 자기 자신과 나누는 올바른 상호작용 속에서 인정 욕구를 충족할 수 있다. 경청은 타인의 이야기를 귀 기울여 듣는 일이기도 하지만, 자기 마음이 하는 이야기에 집중하는 자세기도 하다. 인정받고 싶다는 욕구는 기본적으로 타인을 통해 해소되지만, 내가 나를 얼마나 인정하는지도 그에 못지않게 중요하다. 내가 나를 얼마나 인정하는가에 따라 펼칠 수 있는 능력도 변한다는 사실을 잊지 말자.

③ 피드백

코칭 심리에서 '피드백'이란 개인의 성장과 발전을 위해 주어지는 정보와 평가 과정을 뜻한다. 이때 명확하고 구체적인 피드백은 자기 자신을 평가하고 개선하도록 돕는다. 또한 긍정적인 피드백은 지금까지 얻은 성과를 인정함으로써 자신감을 높이고 동기를 부여한다. 정확한 피드백은 무엇보다 현재 위치와 목표 사이의 거리를 파악함으로써 적절한 행동계획을 세우게 해준다.

피드백은 크게 '인정하는 피드백'과 '발전적 피드백'으로 나뉜다. 인정하는 피드백은 개인의 성과와 그가 가진 역량을 인정하고 긍정적으로 평가하는 것이다. 그 결과 동기를 부여하고 자신감을 향상시킨다. 또한 개인의 자아 존중감을 높이고 마음을 열게 하며, 자신의 강점을 깊이 받아들이게 하는 힘이 있다. 유의할 점은 인정과 칭찬에는 반드시 근거가 있어야 한다는 것이다. 그래야 상대방도 진심으로 공감하며 받아들일 수 있다. 인정하는 피드백은 상대에게 긍정적인 감정을 심어주는 데 아주 효과적이다.

발전적 피드백은 개인의 약점이나 개선할 수 있는 부분을 구체적으로 짚어줌으로써 성장과 발전을 돕는다. 다만 발전적 피드백은 상대방이 부정적으로 받아들이거나 오히려 동기를 잃어버릴 수도 있다. 따라서 상대방의 수용성과 동기에 따라 조심스럽게 접근해야 한다.

피드백할 때 어느 한쪽을 택해야 하는 건 아니다. 두 가지 피드백은 서로 보완하는 관계인 만큼 상황과 필요에 따라 적절하게 조화를 이루며 사용해야 한다. 인정과 격려로 동기를 부여하고, 동시에 발전 가능성을 제시함으로써 개인의 성장과 발전을 지원하는 게 중요하다.

④ 침묵

사람들에게 '침묵'이란 대개 어색하고 불편한 상황이다. 그러나 코칭 심리에서는 아주 중요한 도구로 쓰인다. 심리코치는 고객에게 질문한 뒤 잠시 침묵하는 시간을 갖는다. 이는 질문에 대해 충분히 생각할 시간을 주겠다는 뜻이다. 상대는 침묵 속에서 더욱 깊은 생각에 잠길 수 있다. 또한 침묵은 감정이 요동치는 순간에 자신의 감정을 충분히 느끼게 해줌으로써 현재 상황을 객관적으로 파악할 시간을 준다.

코칭에서 침묵은 경청과 마찬가지로 자기 자신과 상호작용하는 일이라는 점에서 매우 중요하다. 머릿속이 복잡해지면 잠시 침묵하는 시간을 만들어보자. 그리고 마음속에서 어떤 감정이 일어나는지, 어떤 생각이 떠오르는지 천천히 살펴보자.

징작 자기 자신을 모르는 사람이 너무나 많다. 자신이 뭘 원하는지 제대로 파악하기도 전에 자꾸만 뭔가 새로 배우려고만 한다. 필요하지도 않은 뭔가를 조급하게 배우면서, 그게 자기를 알아가는 과정이라고 믿는다. 배우면서 성장한다고 스스로 위안한다. 하지만 진정으로 자신의 본질이 뭔지, 자신이 어떤 색깔인지, 무엇이 잘 어울리는지, 무엇을 좋아하고 잘할 수 있는지 파악하는 게 먼저다. 그럴 때 침묵은 때로 경험보다 좋은 답을 들려준다.

혼자서 해결할 수 없는 심각한 문제도 있을까?

물론 심리 문제로 전문가와 상담해야 하는 사람도 있다. 하지만 코칭하며 사람들을 만나보면 정말 심각한 문제가 있어 상담이 절실한 경우는 많지 않다. 자기 자신이 어떤 사람인지, 지금 처한 상황은 어떤지 같은 '객관적 지표'를 파악하는 데 서투른 탓에 마음이 불안한 경우가 대부분이다.

한편 좋은 일보다 나쁜 일을 더 강하게 기억하는 기본적 오류 탓에 불안이 더 커지기도 한다. 자기 상황을 제대로 파악하지 못한 채 막연히 자기가 아프다고 생각한다. 불안을 잠재우는 법을 몰라 작은 불안으로 시작된 일을 스스로 키운다. 이 사람들은 마음이 아프고 힘든데도 왜 아픈지, 무엇 때문에 힘든지 모른다. 원하는 방향이나 목표가 있기는 하지만 너무 추상적이거나 제대로 정리해본 적이 없기 때문이다. 이때 심리코치는 좋은 시너지가 나게끔 방향을 바꿔주는 역할을 한다. 물론 여러분 스스로 코치 역할을 할 수도 있다.

3

'이기는 멘탈'의
비밀

앞서 멘탈이란 무엇인지, 왜 멘탈을 중요하게 생각해야 하는지, 어떤 근거로 코칭하는지 알아봤다. 그렇다면 이제부터는 어떻게 멘탈을 단련할 수 있는지 본격적으로 알아보겠다. 멘탈이 강하다 인정받는 사람들을 살펴보고, 그들의 멘탈 관리 비결에서 공통점을 찾아볼 것이다. 여전히 '강한 멘탈'이라고 하면 갑옷으로 무장한 듯 딱딱하고 독한 사람이 상상되는가? 거듭 얘기하지만 진정 강한 멘탈은 그와 좀 다르다. <mark>가장 중요한 자질은 '넘어져도 포기하지 않는 의지'다.</mark> 멘탈이 강한 사람은 아무리 힘든 일이라도 꾸준히 한다. 중간중간 멈추고 쉬어가더라도 포기하는 법이 없다. 반면 멘탈이 약한 사람은 극복하기 힘든 과제를 마주하면 손을 놓고 만다. 어려운 과제에 지레 겁을 먹고 좌절감을 느낀다.

하지만 찬찬히 살펴보면 여러 차례 도전하고 파헤쳐서 극복할 수 있는 문제가 훨씬 많다. 포기하지 않고 여러 번 도전하는 힘이 중요하다.

코칭 노트

피겨 왕자 차준환,
회복탄력성의 주인공

2023년 12월 3일, 대한민국 피겨스케이팅 국가대표 선발전이 열렸다. 선수들에겐 가장 중요한 경기다. 피겨스케이팅은 퍼포먼스 한 번에 승부가 나는 종목이다. 수년간 연습한 결과를 단 몇 분 사이에 선보여야 한다. 심장이 떨리고 흥분될 수밖에 없다. 기술도 중요하지만, 두려운 상황에서 평정심을 지킬 줄 알아야 역량을 발휘할 수 있다.

차준환 선수는 철저히 준비하고 열심히 연습했다. 그런데 몇 년 전에 얻은 발목 부상이 문제가 됐다. 연습 과정에서 복사뼈와 스케이트가 마찰하면서 상태가 심각해졌다. 상처에 생긴 물혹이 이리저리 돌아다니면서 신경을 누르기 시작한 것이다. 신경이 눌리는 순간에는 도저히 견딜 수 없는 통증이 찾아왔다. 그 자리에 쓰러질 수밖에 없을 정도였다. 당시 차준환 선수는 가만히 서 있기도 힘든 상태였다. 부상 탓에 10월에는 다른 대회를 완전히 망쳤다.

실패에 따르는 좌절은 열심히 준비한 만큼 커진다. 몸을 쓰는 선수들은 부상이 잦고 상태도 심각할 때가 많다. 운동선수라는 길을 계속 가야 할지 고민하거나, 부상을 치료할 방법이 없어 어떻게 해야 할지 막막한 상황에 놓이곤 한다. 차준환 선수는 국가대표 선발전에 나갈 수 있을지 불확실했고, 선수 생명까지도 위험한 상황이었다. 그런데도 계속 연습해야 한다는 불안감이 있었다. 이제껏 쌓은 실력을 스스로 확인하는 시간이 필요했고, 연습하지 못하면 다른 선수들에게 뒤처질까 불안했기 때문이다.

그러나 차준환 선수는 결단했다. 연습을 중단하고 치료에 전념한 것이다. 그동안 훈련한 바를 시뮬레이션하고 자신이 잘하는 동작을 믿기로 했다. 막판에는 선발전을 치르기로 방향을 바꿨다. 설령 선발되지 못하더라도 경기에 도전하는 게 선수로서 짊어져야 할 소임이라 생각했기 때문이다. 그는 좌절 속에서도 할 수 있는 일을 찾고 자기 자신을 믿으며 조금씩 나아갔다.

차준환 선수는 화려한 경력을 쌓았지만, 한편으로는 이제 막 성인이 된 어린 나이다. 하지만 누구보다도 강한 멘탈의 소유자다. 만나서 이야기해보면 자기 미래와 목표에 집중해서 나아가는 모습이 보인다. 그는 난관에 부딪혀도 이렇게 생각한다. '위기는 항상 있었지. 그때보다 지금이 더 어렵기야 하겠어? 더 힘든 일도 얼마든지 견뎌왔어.' 그러고는 담담하게 밀고 나간다. 아파서 넘어지고 쓰러지더라도 대수롭지 않다는 듯 다시 일어나서 도전한다.

차준환 선수는 결국 국가대표 선발전에서 당당히 우승했다. 그가 바라본 목표는 1등이 아니었다. 선수로서 대회를 포기할 수 없고, 응원하는 팬과 관중을 위해서라도 소임을 다해야 한다고 믿었을 뿐이다. 결국 다시 일어서는 힘과 용기는 그에게 1등이라는 아름다운 마무리를 선물했다.

멘탈이 강한
사람들의 특징

멘탈이 강하다고 인정받는 사람들에겐 성격과 노력, 특성 등 다양한 요소가 있다. 하지만 큰 틀에서는 다음 네 가지 공통점이 있다고 분석한다. 그들이 가진 공통점에는 어떤 게 있을까?

① 약점보다 강점에 집중한다

꼭 코칭 심리 영역이 아니더라도 자신의 장단점을 제대로 파악하는 일은 무엇보다 중요하다. 그리고 거기에서 한 걸음 더 나아가 자기만의 강점을 제대로 활용할 줄 알아야 한다. "당신은 강점과 약점 중 무엇을 우선시하는가? 강점을 더 살리고 싶은가, 아니면 약점을 보완하고 싶은가?" 사람들이 이 두 가지 질문에 보이는 반응은 그야말로 다양하다.

통계에 따르면 한국인은 강점을 살리기보다는 약점을 보완하는 데 치중한다. 여기에는 타인이 자신을 바라보는 시선에 단점이 드러나지 않길 바라는 심리가 숨어 있다. 자신을 뚜렷이 드러내기보다는 남들과 조화를 이루는 편을 중요하게 여기는 문화적 특성이 영향을 미쳤을 수도 있다. 우리 교육 시스템이나 가정교육이 단점을 보완하는 데 치우친 결과일 수도 있다. 강점과 약점 중 어느 쪽에 집중해야 하는지 판단하려면 각자의 철학이나 차이도 반영해야 하고, 다양한 상황을 고려해야 한다. 우선 강점의 중요성과 그 힘을 알아보자.

세계적인 경영학자 피터 드러커는 이미 40년 전에 이렇게 얘기했다. "이 세상에 모든 일을 다 잘하는 사람은 없다. 경력을 쌓거나 전략을 세울 땐 강점을 중심에 둬야 한다. 약점을 보완하기보다는 강점을 강화하는 게 훨씬 유효한 전략이다."

당신이 구멍 난 배에 올라탔다고 가정해보자. 구멍 난 바닥은 약점이고, 튼튼한 돛은 강점이다. 바닥에 생긴 구멍을 막는다면 당장 물이 새지 않게 해서 잠시 안전을 지킬 수 있겠지만 앞으로 나아갈 수는 없다. 반대로 돛을 펼친다면 바닥에 난 구멍 탓에 속도가 처질 수는 있겠지만 앞으로 나아가 위기에서 벗어날 수 있다. 물론 약점을 간과해서는 안 되겠지만, 너무 치명적이지 않다면 약점 하나에 연연할 필요는 없다. 위기에서 벗어나거나 승리하는 데 활용할 자기만의 강점을 더욱 강화하는 게 중요하다. 멘탈이 강한 사람들은 자신의 약점보다 강점에 집중한다. 그렇다면 강점이란 무엇일까? 여기서 공식을 하나 알려주겠다.

강점 = 재능 × 투자

강점은 재능과 투자를 곱한 결과다. 재능이란 자연스럽게 반복되고 생산적으로 적용되는 생각, 느낌 또는 행동양식이다. 그 재능에 지식과 기술을 더해 연마하는 과정에서 강점을 개발할 수 있다. 강점이 갖는 가장 큰 가치는 '생산적으로 쓰일 수 있다'라는 점이다. 사전에서 정의하는 강점이란 '남보다 우세하게 뛰어난 점'으로 능력, 성격, 역량 등이 모두 속하는 개념이다. 강점은 누구나 지니고 태어나지만 개인차에 따라 개발할 수도 있고 평생 드러나지 않을 수도 있다. 중요한 점은 강점을 발휘할 때 스스로 편안해야 하고 일부러 활용한다는 느낌이 없어야 한다는 것이다. 자연스럽게 강점을 발휘할 때 과제에 더 몰입하게 되고 힘이 넘치며 행복하게 수행할 수 있기 때문이다.

반대로 약점을 분석하고 개선해 능력을 끌어올리는 건 너무나 힘들고 어려운 일이다. 물론 약점을 간과해서는 안 되지만 너무 집착하지는 말자. 강점을 활용할 땐 하는 일이 즐겁고 활력이 넘치며 성과도 월등하게 나아진다. 기대한 만큼 결과를 내지 못한다 해도 그 과정에서 성취감을 느끼기에 위축되거나 좌절하지 않는다. 강점보다 약점에 집중해 보완할 땐 결국 평범한 수준에 도달하는 데 그치므로 만족도도 작다. 이미 잘하는 점을 더욱 개발하고 응용해 한계를 뛰어넘는다면 분명 강력한 무기가 될 것이다.

② 제 삶의 가치를 존중한다

'제 삶의 가치를 존중한다'라고 할 때 '가치'란 목표보다 더 높은 개념이다. 입학, 졸업, 취업, 승진, 결혼, 저축, 공부 같은 목표는 정거장에 불과하다. 어떤 단계를 돌파하는 '과정'에 해당하는 이런 목표는 단편적이고 일시적이다. 반면 가치는 죽을 때까지 지켜나갈 삶의 방향으로, 복합적이고 장기적이다. 예를 들어 '나는 죽을 때까지 도덕적으로 살 거야', '나는 끝까지 자유를 추구할 거야', '나는 봉사와 헌신에 온 힘을 쏟을 거야' 같은 다짐에는 가치가 담긴다.

작은 목표가 뜻대로 되지 않더라도 가치가 확고하다면 나름대로 의미를 찾을 수 있다. 예를 들어 당신이 어떤 직업을 갖게 됐는데 원하던 모습과는 다르다고 해보자. 그래도 그 직업으로 일하면서 자기만의 가치를 실현할 수 있다. 가령 이런 식이다. '나는 의사가 되고 싶었다. 그러나 결국에는 다른 직업을 갖게 됐다. 그런데 왜 의사가 되려고 했더라? 나는 봉사하고 헌신하면서 사람들을 돕고 싶었다.' 목표 뒤에 숨은 가치를 찾아야 한다. 그러면 어떤 상황에서도 가치를 따르고 실현하면서 살 수 있다. 멘탈이 강한 사람들은 자신의 가치를 알고 이를 존중한다.

③ 삶을 주도한다

자기만의 가치를 찾은 사람은 남에게 휘둘리지 않는다. 남들이 원하는 것, 남들이 보기에 좋은 것을 고르지 않는다. 자기가 진짜 원하는 것만을 바라보고 선택한다. 멘탈이 강한 사람은 삶을 능동적으로 살아간다. 능동적으로 살아가려면 사회에서 요구하는 대로만 따라가선 안 된다. 어떤 직업이 안정적이라고, 연봉이 높다고 자기 길로 정하면 곤란하다. 자기가 좋아하는 일, 하고 싶은 일을 생각해보고 그 길을 따라야 한다. 여기에는 자기만의 윤리와 도덕이 배어나야 한다.

하지만 자기만의 길을 간다는 게 말처럼 쉬운 일은 아니다. 자신을 알아가는 작업이 우선이다. 누구에게나 본능이 있다. 본능이 억눌릴 땐 마음속에서 소용돌이가 치며 짜증이 나고 예민해진다. 그런데 사람들은 자기가 왜 이토록 예민하고 자신감이 없는지 모른다. 무엇이 자신의 본능을 억누르는지 알아야 한다. 그래서 '자기객관화'가 먼저다. 쉽게 생각해보면 이렇다. 자기가 지금 가장 원하는 게 뭔지 생각해보는 것이다. 아주 사소한 일이어도 좋다. 지금 좀 쉬고 싶은지, 어떤 음악을 듣고 싶은지, 뭘 먹고 싶은지, 바람을 좀 쐬고 싶은지 생각해본다.

그렇게 생각한 결과, 어떤 사람이 산책을 좋아한다고 해보자. 이 사람은 산책하면서 마음을 비우고 생각도 정리하고 감정도 가라앉히면서 상쾌함을 느낀다. 자기 본능을 생각해보기 전에는 몰랐던 사실이다. 자신이 산책을 좋아한다는 사실을 알면 평소 가던 길 대신 낯선 길로 불쑥 들어가볼 수도 있다. 낯선 일을 하면서 성취감과 도전정신, 새로움을 느낀다. 이런 경험은 신선한 자극제가 된다. 그러니 사소하더라도 새로운 경험을 많이 쌓길 바란다. '내가 새로운 일을 스스로 해냈어!'라는 만족감과 성취감이 생기면 자기만의 삶에 더욱 깊이 파고들 수 있다.

일할 때도 상사가 시키는 대로 100퍼센트 따르지 말고 자기만의 느낌과 색깔을 불어넣어보자. 뻔한 일이라도 새로운 방향과 아이디어를 제안하면서 자기 생각을 담아보는 것이다. 수동적으로 무조건 따르는 태도가 좋은 게 아니다. 도전하지 않는 사람은 끝까지 시키는 대로만 하며 암흑 속에 머무른다. 용기를 내 도전해야만 자기만의 길과 새로운 빛을 찾을 수 있다.

세상이 정한 대로만 살아가는 것 같다면 자기 자신이 누군지 생각해보자. 어떤 일 때문에 예민한지, 어떤 부분이 불만족스러운지 살펴보는 것이다. 능동적인 사람은 자기 객관화를 잘한다. 자신의 본능을 들여다보고 작은 것일지라도 새로운 일에 기꺼이 도전한다. 이런 사람은 긍정적인 생각으로 세상에 나와 자연스레 자신감을 얻는다.

④ 실패해도 좌절하지 않는다

앞서 이기는 멘탈이란 '넘어져도 포기하지 않는 의지'라고 했다. 우리는 세상을 살아가며 뭔가 배울 때마다 여러 단계를 밟는다. 아기는 세상에 나와 걸음마를 배울 때부터 실패하고 좌절하는 순간을 수없이 맞이한다. 하지만 걸음마를 포기하는 아기가 있던가? 넘어져서 아프더라도 걷겠다는 욕구를 품고 본능적으로 도전한다. 처음에는 물건이나 지지대를 잡고 천천히 일어선다. 그다음 한 발짝, 그다음 두세 발짝씩 걸음을 뗀다. 그 실패와 좌절을 수만 번 겪고 나면 다리에 점차 근육이 붙고 걷는 요령이 생긴다. 영어를 공부할 때도, 처음으로 직장에 다닐 때도 우리는 매번 새로운 걸 배우며 실수와 실패를 거듭한다. 여기서 실수와 실패에 좌절해 포기하는 사람은 더 이상 나아가지 못한다. 발전할 수도 없다. 여러 실패 속에서 만들어지는 자기만의 요령도 갖지 못한다. 모든 일을 이루는 과정에는 실수와 실패가 있다. 어떤 분야에서 아주 유능한 사람이라도 말이다.

단 한 번도 실수하거나 실패하지 않고 승승장구한 사람은 삐끗했을 때 어떻게 대처할지 모를 수밖에 없다. 하지만 수많은 실수와 실패를 겪은 사람은 더 큰 세상을 경험하며 고난 끝에 놓인 성공과 현명한 대처법이라는 자기만의 백과사전을 만든다. 업계에서 크게 성공한 사람들의 생애를 살펴보면 수많은 실패와 고난을 겪었지만 결국에는 이겨낸 경우가 많다. 문제에 대처할 방법을 깊이 고민하면서 새로운 시각으로 더욱더 창의적인 아이디어를 내는 경우도 많기 때문이다.

코칭 노트

골프계 돌부처 신지애, 강점에 집중한 부활의 날갯짓

2009년 혜성처럼 등장해 LPGA 무대를 평정하고 1년 만에 세계 랭킹 1위를 차지한 신지애 선수는 이후 3년간 단 1승에 그치는 슬럼프를 겪었다. 하지만 2014년에는 언제 그랬냐는 듯 화려한 부활에 성공했다. 일본 무대에 진출해 단숨에 4승을 거두며 상금 랭킹 4위까지 도약한 것이다. 모든 운동선수가 그렇겠지만, 골프선수에게 있어 단점이 드러나고 슬럼프를 겪는다는 건 너무나 힘든 일이다. 신지애 선수는 어떻게 슬럼프를 극복하고 부활의 날개를 펼쳤을까? 결정적인 원동력은 바로 아버지께 들은 조언이었다. "단점을 감추려 하지 말고, 장점을 키워 극복해라." 경쟁자들보다 드라이버 비거리가 짧았던 신지애 선수는 좀처럼 늘어나지 않는 비거리 탓에 압박받곤 했다. 그러다 보니 시합 도중 멘탈이 흔들려 대회를 망치는 일이 반복됐다. 아버지의 조언 이후, 신지애 선수는 고질적인 단점인 드라이버 비거리에 집착하지 않고 자기 장점인 '정확도'에 집중하며 훈련했다. 이 과정이 슬럼프 극복에 큰 도움이 됐다.

신지애 선수는 이기는 멘탈의 소유자다운 여러 장점을 갖고 있다. 앞서 살펴본 특징 중 '약점보다 강점에 집중한다', '실패해도 좌절하지 않는다'는 신지애 선수가 슬럼프를 이겨낸 원동력을 잘 보여준다. 이는 꼭 운동선수에게만 통하는 이야기가 아니다. 누구든 이와 같은 삶의 자세를 되새기며 살아간다면 더욱 건강한 멘탈을 가질 수 있다.

4

멘탈이
무너지는 순간

멘탈코칭을 받으려고 나를 찾아오는 고객들은 모두 지금보다 더 성장하고, 과거의 자신에게서 벗어나고 싶다는 열정을 품고 있다. 세상에 완벽한 사람은 없다. 우리는 저마다 다양한 걱정거리와 문제를 안고 있다. 이런 문제에서 자유로워질 때 더 나은 미래로 한 발짝 나아가는 데 집중할 수 있다. 마음이 성장을 받아들일 준비가 되지 않았는데 아무리 열정을 쏟아부은들 밑 빠진 독에 물 붓는 꼴이다.

사람들에겐 저마다 '결핍'이 있다. 그리고 내면에서 생기는 문제 대부분은 이 결핍에서 시작된다. 멘탈이 무너졌다는 생각이 들면 자기 안에 어떤 결핍이 있는지 인지하는 과정이 꼭 필요하다.

어떤 문제에 빠져 슬럼프를 겪는 시기를 '마이너스', 평범한 상태를 '제로', 강점을 강화하는 시기를 '플러스'라고 해보자. 이번에는 자기가 겪는 문제를 알고 마이너스 상태에서 제로까지 끌어올리는 법을 다룰 것이다. 많은 사람의 멘탈을 무너뜨리는 네 가지 함정을 살펴보고 적절한 코칭 심리 방향을 얘기해보려 한다. 멘탈을 무너뜨리는 함정을 살펴보는 과정은 누구나 성장하면서 겪었고, 겪어야 했다. 코칭 심리는 고객들이 다양한 이유로 건너뛴 이 과정을 다시금 구현해주는 역할을 한다. 나를 찾아오는 고객들은 이 과정을 거치며 자신이 겪는 결핍이 무엇인지 알고, 이를 객관화해 들여다보면서 그다음 성장 단계로 나아간다. 지금부터 함께해보자.

멘탈을 약하게 만드는
세 가지 함정

① 완벽주의라는 함정

한국인 중 50퍼센트, 즉 둘 중 하나가 겪는데도 인지하지 못하는 문제가 있다. 바로 '완벽주의' 성향이다. 연세대학교 상담심리연구실에서 조사한 결과 응답자 중 53.62퍼센트가 완벽주의 성향을 보이는 것으로 나타났다. 한국뿐만 아니라 전 세계에서 완벽주의 성향이 점차 늘어난다는 보고도 나왔다. '완벽주의'라는 말 자체는 긍정적인 개념으로 받아들여질 때도 있지만, 선을 넘는 순간 불안, 공황장애, 강박증, 불면증 등 다양한 심리 문제를 일으키는 근원이 되기도 한다. 누구도 완벽할 수 없다는 사실을 알면서, 우리는 왜 완벽주의에 빠져 자기 자신을 힘들게 하는 걸까?

완벽주의를 일으키는 원인은 크게 세 가지다. 첫째는 '사회적 요구'다. 사실 완벽주의는 타고난 성향이라기보다는 외부에서 미치는 영향 탓인 경우가 많다. 뭔가를 완벽하게 해내고 싶다는 열망은 사회적 요소나 교육과도 밀접하게 연관된다. 완벽주의 성향을 품고 태어난 게 아니라 성장 과정에서 '완벽해야 한다는 압박'을 받은 것이다. 그러다 보니 자기도 모르게 '잘해야 한다'라는 강박관념이 생겨 어떤 일이든 시작하기도 전에 부담감이 따라온다. 우리는 '1등이 돼야 한다', '최고가 돼야 한다'라고 강조하는 목표지향 사회에서 자랐다. 하지만 왜 1등이어야만 할까? 그게 정말 자기가 원하는 결과일까? 막연하게 최고여야 한다는 생각은 의미를 잃어버린 채 우리 마음 깊숙이 박혀 완벽주의에서 벗어나지 못하게 한다.

두 번째 원인은 '불안감'이다. 불안과 두려움은 대부분 현재에 만족하지 못하는 데서 시작된다. 많은 사람이 현재가 불만족스러운 건 환경, 재능, 경제력 탓이라고 생각한다. 그런 감정은 자기가 진정으로 원하는 게 뭔지 모르는 데서 비롯된다. 사람들은 대부분 뚜렷한 기준이나 목적 없이 일한다. 그러면서 막연히 '나는 부족해', '더 노력해야 해'라는 강박에 사로잡혀 자기 자신을 괴롭힌다. '의사가 돼야지', '챔피언이 돼야지' 하는 목표는 있지만 그 목표가 갖는 의미를 모르는 사람이 너무나 많다. 결국 의사나 챔피언이 될 수 있을지는 몰라도 좋은 의사, 진정한 챔피언은 될 수 없다. 인생의 의미와 가치를 찾는 방법은 뒤에서 자세히 알아볼 것이다.

마지막 세 번째 원인은 '비교 심리'다. 우리나라 사람들의 특징 중 하나는 단합이 잘 된다는 것이다. 이때 다른 사람의 눈을 과도하게 의식하는 부작용이 생긴다. 이 성향은 자기 생각과 행동을 다수와 똑같이 맞추는 데 초점을 둔다. 이는 곧 높은 기준과 틀을 만들어내며 완벽주의로 이어진다. 이런 과정을 거치며 다른 사람과 자신을 비교하는 문화가 우리 사회에 자리 잡았다. 개인의 특성을 살리기보다 획일화를 지향하는 문화에서 그 틀을 버린다는 건 아웃사이더가 되는 지름길이다. 좋은 대학, 좋은 직장, 좋은 집, 좋은 차 등등 끊임없이 비교하며 기준을 충족하지 못하는 자기 모습

완벽주의의 세 가지 원인

불안감

비교 심리

사회적 요구

자꾸만 남과 비교하는 나, 어떻게 하면 좋을까?

나를 찾아오는 많은 고객이 이 문제로 상담을 청한다. 자기에게 뭔가 부족하다고 생각하면 자꾸만 남과 비교하게 된다. 요즘은 SNS가 비교 심리를 더욱 부추긴다. SNS에는 예쁘고 멋진 순간만 올라온다. 눈물 나고 힘든 장면을 굳이 찍어 올리는 사람은 없다. 현실은 지옥을 걷는 듯하고 우울하더라도 SNS에는 아름다운 장면만 남기고 싶다. 사람 마음은 비슷비슷하다. 그런데 남의 행복은 커 보이고 내 행복은 작아 보인다. 이 사실을 깨닫고 생각해보면 열등감에서 벗어나기 쉽다.

그러나 제일 중요한 문제는 스스로 무엇을 원하는지, 원하는 걸 얻으려면 어떻게 행동해야 하는지 알아차리는 것이다. '자기 파악'을 거쳐 단단하게 설 기반을 마련하는 과정이 필요하다. 복잡하게 돌아가는 일에서 집중해야 할 부분은 어디인지 중요도를 파악해야 한다. 남 눈치 보지 말고 자기에게 중요한 일, 자기가 할 일에 집중할 줄 알아야 한다. 시야가 밖으로 쏠린 사람들은 당연히 눈치도 많이 본다. 남과 비교하는 데 지친 사람들은 자기가 원하는 게 뭔지부터 다시금 생각해봐야 한다.

에 좌절하고 만다. 완벽한 이상을 설정하고 자기 모습을 비관하는 일은 자존감 문제와도 깊은 연관이 있다.

완벽주의에는 좋은 측면도 있다. 말 그대로 일의 완성도를 높여주거나 끊임없이 도전하게 격려하기 때문이다. 몰입도와 생산성이 높아진다는 장점도 있다. 하지만 자신이 부정적인 완벽주의에 빠져 있진 않은지 점검해야 한다. 부정적인 완벽주의는 자신을 한없이 작게 만들고 괴롭히기 때문이다.

우리는 왜 중요한 일이 있는데도 딴짓을 할까? 사람에게는 두려움을 피하려는 습성이 있다. 중요한 일이 생기면 잘하고 싶은 마음에 부담감이 밀려온다. 그러면 부담감이 따르는 일을 뒤로 미루고 쉬운 일에서 만족감을 얻으려는 회피 모드가 작동한다. 뭐라도 하고 있다는 자기합리화를 거치는 것이다. 이 또한 완벽하게 하고 싶다는 마음에서 오는 부담감이라는 걸 잊지 말자.

중요한 일을 미루지 않고 부정적인 완벽주의에서 벗어나려면 일하는 단계를 세분화하는 게 좋다. 완벽주의자 대부분이 중요한 일을 미루는 이유는 완벽하게 해내지 못할 것 같다는 불안감 때문이기도 하지만, 구체적이고 수치화된 계획을 세우지 않아서일 때도 많다. 사소하고 쉬운 일을 해치우는 대신 중요한 일을 세분화하고, 한 단계가 끝날 때마다 충분한 만족감을 느낀 후 다음 단계로 넘어가면 된다. 실패해도 좋으니 여러 번 시도하자. 완전무결하게 있으려고 아무것도 하지 않는 자에게는 기회도 찾아오지 않는다.

만약 묵은 습관과 강박관념이 있다면 한번 실험해보자. 강박대로 하지 않으면 어떻게 되는지 말이다. 보통은 아무 일도 일어나지 않는다. 자신에게 징크스가 있다고 믿는 사람이 많다. 운동선수들도 마찬가지다. '시합 전에 바나나를 먹으면 안 된다', '경기 중에 물을 마시면 안 된다' 등 선수마다 다르고 종류도 많다. 그러면 나는 일부러 반대로 행동해보라고 권한다. 징크스에 도전하면 어떻게 되는지 살펴보는 것이다. 아무 일도 없다. 빨간 팬티와 우승 사이에는 아무 상관도 없다. 징크스 역시 두려움에서 온다. 삶과 경기는 끊임없이 이어지고, 과제는 자꾸만 새로이 찾아온다. 징크스는 오히려 사람을 흥분시키고 긴장시킨다. 도움은커녕 방해만 될 뿐이다. 완벽하게 해내고 싶다는 마음에서 두려움이 생기면 일을 시작하지 못한다. 자기가 게으르다고 타박하기 전에, 어떤 이유로 어려움을 겪는지 스스로 돌아보자.

② 낮은 자존감이라는 함정

자기가 '유리멘탈'이라고 생각하는 사람은 자존감이 낮은 경우가 많다. 그런가 하면 요즘 유행하는 MBTI 검사 역시 낮은 자존감에서 비롯된 것이다. 고작 열여섯 가지 유형으로는 모든 사람을 정의할 수 없다. 나라는 사람은 무궁무진하고 큰 잠재력이 있는데, MBTI는 아주 작은 부분밖에 설명하지 못한다. MBTI에 열광하는 분위기도 우리나라 문화와 얽혀 있다. 우리나라는 모두가 함께하는 집단주의, 단체주의 문화다. 그래서 남의 눈치를 많이 본다. 나로서, 개인으로서 개성을 갖고 존재하며 성장하려는 의지가 약하다. 그러나 소득과 생활, 의식 수준이 성장하면서 자기 자신이 어떤 존재인지 알아야 하는 시대가 도래했다. 획일화는 이런 상황과 배경이 접목된 결과다. 모두가 MBTI로 서로를 해석하려고 한다. 제대로 된 자기 정체성을 알지 못하고 자존감이 낮은 이들은 이런 유형 검사에 더더욱 매달린다. 검사 결과가 자기를 표현해준다고 믿는 것이다. 앞서 말했듯 멘탈이 강한 사람들은 자기 삶의 가치를 존중하며 능동적으로 살아간다. 낮은 자존감이라는 함정은 획일화된 정체성에 빠지게 하며, 잠재력을 펼치는 데 걸림돌이 된다.

③ 불안이라는 함정

사람들 대부분은 불안이 찾아오면 그 감정이 너무 커지는 탓에 자신의 무기가 뭐였는지 떠올리지 못한다. 불안은 생존 수단의 일종인 만큼 자연스러운 감정이지만, 문제는 불안이 찾아왔을 때 우리가 그 감정에 깊이 파고들어 더욱 크게 키운다는 점이다. 우리 뇌는 불안을 인지하는 순간 생존을 위해 생각을 편도체에서 해마로 옮겨 장기기억으로 만든다. 장기기억이 된 불안은 다른 일을 하다가도 불쑥 찾아와 우리를 괴롭힌다. 이 불안은 또 다른 장기기억이 된다. 이 과정이 반복된다. 불안이 걷잡을 수 없게 커지는 과정이다. 불안한 감정이 멘탈을 뒤흔든다는 건 우리 모두가 경험해서 알고 있다.

하지만 너무 걱정하지 않아도 된다. 우리는 이런 무의식적인 과정을 의식적인 행위로 조금씩 끊어낼 수 있다. 이성적인 사고와 분석, 감정 조절과 의사결정을 담당하는 전두엽을 쓰는 방법이다. 해결책을 계획하고 실천하려는 의지가 있을 때 전두엽의 기능이 발휘된다.

나는 가장 좋은 방법으로 운동을 권한다. 운동하려면 무엇을 어떻게 할지 계획을 세워야 하고, 동작을 하나하나 세심하게 신경 쓰며 움직여야 하기 때문이다. 운동이 힘들다면 산책도 좋다. 산책 또한 자기 의지로 길을 정하고 몸을 움직이는 행위다. 중요한 점은 의식적으로 계획하고 움직이는 것이다. 생각과 감정을 무의식적인 흐름에 맡겨두지 말고 의식적인 계획 하에 자기 자신의 주인이 되는 게 중요하다. 더 나아가 운동과 산책뿐만 아니라 삶 자체에 이 훈련을 적용한다면 불안을 이겨낼 수 있다. 앞으로 이뤄나갈 장단기 계획을 세운 뒤 당장 실천할 수 있는 작은 단위로 쪼개보자. 이 과정이 바로 계획이다. 그리고 그 작은 계획들을 하나씩 해치워보자.

전두엽을 쓰는 또 다른 방법은 '마음챙김 훈련'이다. 순서는 이렇다. 첫째, 자기가 지금 어떤 감정 상태인지 파악한 뒤 그 감정을 그대로 받아들이고 느껴본다. 감정을 그대로 느끼고 받아들인다는 건 불안에 더욱 파고드는 게 아니라 감정의 모양을 가만히 들여다본 후 흘려보내는 작업이다. 잠시 눈을 감고 그저 느끼기만 하면 된다. 불안은 감정이 마음대로 날뛰고 요동치는 상태다. 그저 느끼고 바라볼 때, 스스로 받아들이고 인정할 때, 불안이란 감정은 비로소 가라앉는다.

두 번째, 불안이 더 이상 요동치지 않는다면 해야 했던 일, 해야 하는 일을 차근히 떠올린다. 불안에 가려져 보이지 않던 중요한 일 말이다. 마음이 불안할 땐 여기저기에 깔린 여러 방해물이 더 크게 보인다. 그 방해 요소들을 바라보느라 정작 당장 해야 할 중요한 일에 집중하지 못할 수도 있다. 마음이 진정됐다면 자기가 하려는 일에 초점을 두는 강화 훈련을 시작해보자.

세 번째, 지금 하려는 그 일을 어떻게 해낼지 생각해보고 그대로 실행한다. 더 이상 불안에 방해받지 않고, 불안하더라도 할 일을 끝내는 것이다. 마음이 불안하면 아무것도 못할 것이라 생각하지만, 사실은 그렇지 않다. 마음을 차분히 정리하기만 한다면 해야 할 일을 얼마든지 해낼 수 있다. 불안 속에서도 할 일을 해낸 성공 경험이 생기면 불안을 극복한 경험도 점점 쌓인다.

골프 황제 박인비,
자기 자신을 뛰어넘은 금메달리스트

'골든 커리어 그랜드 슬램'이란 올림픽 금메달을 뜻하는 '골드'와 메이저 골프 대회 네 개에서 모두 우승하는 '커리어 그랜드 슬램'을 더한 합성어다. 올림픽 금메달과 커리어 그랜드 슬램을 모두 이룬 업적을 뜻한다. 골프 역사상 최초로 이 기록을 달성한 이는 바로 박인비 선수다. 이 기록은 쉽게 깨지지 않을 것이다.

이를 이룬 박인비 선수에게는 명확한 강점이 세 가지 있었다. 바로 '끈기'와 '단순함', '믿음'이다. 물론 박인비 선수도 매 순간이 쉽지만은 않았다. '커리어 그랜드 슬램'이라는 타이틀은 얻었지만 2016년 리우 올림픽 전후로 두 번째 슬럼프가 찾아왔다. 몇 년에 걸친 고된 일정과 우승 경쟁 속에 지쳐갈 때쯤 손목 부상이 겹치면서 이전보다 더욱 강한 슬럼프가 찾아온 것이다. 올림픽을 앞뒀지만 출전 여부는 불명확한 상태였다.

2016년 위민스 PGA 챔피언십에서 예선 탈락, 2016년

7월 US오픈과 브리티시 여자 오픈에 불참하는 등 나쁜 소식이 연달아 들려왔다. 불안정한 상태가 이어지면서 예전에 경험한 나쁜 샷들도 하나둘씩 다시 나왔다. 불안은 더욱 커졌다. 멘탈은 물론 기술 문제까지 쏟아져 나오기 시작했다. 좋지 않은 여론도 박인비 선수를 괴롭히는 불안에 한몫했다. 골프 인생 처음으로 모든 걸 내려놓고 싶은 순간이었다. 스윙조차 힘겨운 와중에 올림픽이라는 큰 무대에서 압박감과 두려움을 이겨낸다는 건 상상조차 되지 않았다.

'불안'을 다스리는 게 급선무였다. 어릴 적부터 익힌 기본기와 좋은 스윙이 한순간에 날아갈 리는 없었다. 박인비 선수는 앞서 말했듯이 끈기와 단순함, 믿음이 강점인 선수다. 그렇기에 아주 빠르고 단순하게, 불안을 몰아내는 많은 방법을 배우고 실천했다. 티 박스에 오르기 전 심호흡하고, 불안한 마음을 그대로 받아들이고, 감정을 흘려보낸 후 자신이 해야 할 스윙과 공을 보낼 지점에 집중했다. 그리고 자기만의 방법으로 힘찬 스윙을 해냈다. 결과는 생각보다 빠르게 좋아졌다. 나는 박인비 선수와 함께 과정과 결과를 분석하는 시간을 가졌고, 걱정한 데 비해 나쁜 스윙이 그리 많지 않다는 사실을 알아냈다. 불안이라는 무게가 더해지면 부정적인 부분이 더 크게 보일 때가 많다. 하지만 객관적으로 분석해보면 실제 상황이 그런 게 아니라 불안의 무게가 더해졌을 뿐임을 알아차리게 된다.

박인비 선수는 그렇게 슬럼프를 극복하고 2016년 리우 올림픽에서 당당하게 금메달을 차지했다. 자기 마음이 불안한지 아닌지 파악하지 못한다면 불안에 빠진 채로 경기가 끝나버린다. 불안이 자신을 마구 흔드는 채로 말이다. 그러나 불안을 알아차리고 정말 해야 할 일이 뭔지 생각한다면 자기 의지대로 경기에 임할 수 있다. 여느 스포츠처럼 우리 인생에도 늘 불안과 슬럼프가 찾아온다. 이번 장애물은 극복하더라도 더 큰 불안이 찾아올지 모른다. 그럴 때마다 불안을 키우고 불안과 싸우다 지쳐 포기할 것인지, 아니면 불안을 알아차리고 다스린 뒤 인생이라는 경기를 이어갈 것인지는 우리 손에 달렸다.

SUMMARY

THE WINNING MENTALITY

- '이기는 멘탈'이란 어떤 상황에도 유연하게 대처하는 삶의 태도다.

- 평정심을 지키는 '유연함'이야말로 무엇보다 강력한 무기다.

- 멘탈이 강한 사람은 넘어지더라도 몇 번이고 다시 일어선다.

- 코칭 심리의 핵심은 습관, 행동, 변화, 성장이다.

- 심리코치 역할에 걸맞은 사람은 바로 '나 자신'이다.

- 이기는 멘탈에서 가장 중요한 자질은 '포기하지 않는 의지'다.

- 가장 위험한 함정은 '완벽주의'다. 50퍼센트는 이미 함정에 빠졌다.

- 나 자신을 믿고 불안을 이겨내는 경험을 쌓자.

2
Part

이기는 멘탈을 기르는
다섯 가지 열쇠

"부상으로 고전하던 시기에 멘탈코칭을 받으며 선수로서, 한 사람으로서 즐겁고 편안한 시간을 보냈다. 나 자신에게 집중하고 스스로 되돌아보는 과정이었다. 몸과 마음을 가다듬고 긴장을 푸는 법을 배웠다. 이제는 연습 과정은 물론 경기 도중에도 나 자신을 믿고 당당히 나아간다."

차준환 선수
대한민국 피겨스케이팅 국가대표

1

가치

인생의 방향을 가리키는 나침반

우리는 의미 있고 행복한 삶을 원한다. 그렇다면 행복한 삶의 기준은 무엇일까? 나는 세 가지 기준을 제시한다. 첫째는 살고자 하는 삶의 방향성인 '가치'다. 두 번째는 인생의 엔진이 돼줄 '잠재력'이다. 세 번째는 인생이라는 길을 잘 걸어가게 도와줄 '밸런스'다. 나는 이 세 가지 기준에 '긍정 정서'와 '마인드셋'이라는 두 요소를 더해, '이기는 멘탈을 기르는 다섯 가지 열쇠'를 소개하려 한다.

가치　　잠재력　　밸런스

긍정 정서　　마인드셋

코칭 노트

1위 골퍼 리디아 고,
슬럼프를 이겨낸 젊은 천재

리디아 고는 프로 무대에 데뷔하기 전인 10대 시절부터 대회에 초청받아 쟁쟁한 실력자들을 꺾고 세계 챔피언이 되며 천재 골프선수라는 평가를 받았다. 하지만 화려한 전성기는 생각보다 짧았다. 어느 순간 하향곡선을 타고 슬럼프에 빠져버린 것이다. 모두가 부러워할 만큼 빠르게 왕좌에 오른 리디아는 너무 어린 나이에 찾아온 가혹한 좌절을 맞이했다.

리디아는 그렇게 3년간 힘든 시간을 보내다 2019년에 처음으로 나를 찾아왔다. 그 자리에서 리디아가 털어놓은 고민은 스윙이 예전처럼 되지 않고 매사에 자신감이 없어졌다는 것이었다. 처음에는 자존감 테스트부터 시작해 다양한 소재로 대화를 나누는 멘탈코칭을 진행했다. 자존감 회복에 어느 정도 진전이 보이기 시작했지만 여전히 마음에 걸리는 구석이 있었다. 객관적인 상황은 나아지는 것 같았지만 정작 리디아가 그리 즐거워 보이지 않았다. '어떻게 해야 잃어버린 자신감을 되찾을 수 있을까?', '무엇이 리디아에게 행복을 찾아줄 수 있을까?' 우리는 오랜 고민 끝에 '삶의 가치'를 찾아가는 작업을 시작하기로 했다.

리디아가 지금까지 살아오면서 마음에 품은 가치가 무엇인지 질문하기 시작했다. 어떤 가치가 자신을 지금까지 이끌었는지, 힘든 시기에도 버텨낸 원동력은 뭐였는지, 자신이 정말 중요하게 생각하는 가치가 무엇인지 몇 주에 걸쳐 대화하며 하나씩 나열했다. 그리고 앞으로 찾아올 미래에는 뭘 하며 지낼지 구체적으로 그리기 시작했다. 특히 10년 후 자신은 어떤 모습일지, 그때 진심으로 하고 싶은 일은 무엇인지 논한 대화에서는 정말 그 상황을 맞이한 듯 이야기를 나눴다.

리디아 고는 마음이 여리고 선한 인물이다. 자기가 얼마나 더 성장할지, 어떻게 해야 좋은 사람이 될지 고민한다. 선한 영향력을 퍼뜨리려는 마음이 강하다. 좋은 성적을 내려고 애쓰는 걸 넘어 가족, 친구, 코치, 트레이너 그 누구든 주변 사람들과 어우러져 함께 가려고 한다. 이 생각이 관중에게도 뻗어간다. 관중이 경기를 지켜보며 어떤 느낌을 받으면 좋겠다고 진지하게 생각한다. 이 과정을 거치는 동안 리디아는 너무 행복해 보였고 즐겁게 몰입했다. 리디아는 진정으로 원하는 미래를 상상하면서 자신의 또 다른 모습, 너무 강한 목표 의식 탓에 잠시 잊어버린 삶의 가치를 되찾았다.

그렇게 자신의 진정한 가치를 찾은 리디아는 필드는 물론 일상에서도 행복을 되찾았다. 원하는 성적을 거두는 대회가 늘어났다. 그렇지 않더라도 이전처럼 좌절하거나 자기 자신에게 실망하지 않았다. 대회 한 번, 성적 하나가 삶의 목표가 아니란 걸 깨달았기 때문이다. 리디아는 자신이 미래를 향해 한 걸음씩 나아가고 있음을 알았다. 작은 실수나 좌절은 인생에서 큰 걸림돌이 아니라는 사실을 알았고, 오히려 깨달음을 얻을 기회라는 걸 배웠다. 그렇게 삶에서 이루려는 가치를 재정비하자 새로운 자신감이 생긴다고 했다. 미래에 행복하려면 지금도 행복하고 만족해야 한다는 사실을 깨달은 것이다. 가치란 미래만을 위한 게 아니다. 바로 지금 현재 잊지 않고 살아가야 하는 신념이다.

당신의 삶에 필요한
가치 내비게이션

공부하는 학생의 목표는 1등이고, 영업사원의 목표는 매출 1위인 것처럼 전 세계 모든 골프선수의 목표는 세계 랭킹 1위다. 세계 골프계에서는 US오픈을 포함한 메이저 대회를 비롯해 무수한 대회가 열린다. 지난 2016년 리우 올림픽에서는 골프가 정식 종목으로 첫선을 보이며 큰 관심을 모으기도 했다. 그렇다면 세계 랭킹 1위, 올림픽 금메달이라는 목표를 달성한 선수들은 그 이후 어떻게 생활할까? 대개 막대한 상금과 미디어에서 쏟아지는 관심, 팬들이 보내는 뜨거운 응원, 점점 늘어나는 스폰서 기업 등으로 행복에 빠져 있으리라고 생각한다. 하지만 의외로 적지 않은 선수가 목표 지점에 도달한 후 급작스럽게 슬럼프에 빠지곤 한다. 자기 분야에서 최고의 명예를 거머쥔 그들은 왜 슬럼프에 빠지는 걸까.

운동선수뿐만이 아니다. 이런 일은 어느 분야에서나 일어난다. 한때 인기를 끌던 슈퍼스타가 각종 구설수에 휘말리며 추락하는 사례, 하버드 같은 명문대에 입학했다가 자퇴하는 학생들, 유수의 대기업에 입사했다가 초기에 퇴사하는 젊은 이들이 늘어나는 모습도 이런 문제를 증명한다.

멘탈코칭을 진행하다 보면 의외로 많은 사람이 삶의 가치나 살아갈 방향을 생각하지 않는다. 이를 주제로 누군가와 진지하게 대화를 나눈 적도 없다. 이런 사실을 알면 놀라게 된다.

마치 경주마처럼 주변을 돌아보지 못하고 눈앞에 놓인 목표만을 향해 달리며 살아온 것이다. 우리가 결코 잊어서는 안 되는 사실이 있다. 삶에 있어 가장 중요한 건 목표가 아니라 방향, 즉 '가치'라는 점이다. 가치는 곧 우리가 살아가는 인생이라는 여정의 이정표이자 내비게이션이다.

2
잠재력

재능을 뛰어넘는 내면의 힘

앞서 가치는 '인생이라는 여정의 이정표'라고 했다. 그런데 우리에게 지향하는 방향이 있더라도 적절한 동력이 없다면 한 발도 나아갈 수 없다. '잠재력'은 인생을 이끌어갈 동력이다. 가치가 돛이라면 잠재력은 엔진이다. 코칭 심리에서는 잠재력을 중요한 키워드로 여긴다. 자기가 최고의 성과를 낼 분야가 무엇인지 찾아내고, 그 힘을 최대한 끌어내기 위해서다.

인간의 잠재력에 한계가 없다는 사실은 긴 시간 이어
온 역사에서 증명됐다. 불가능할 것 같은 일들이 기네스북
에 올랐고, 더 이상 뛰어넘을 수 없을 것 같은 스포츠 기록
도 언젠가 깨지고 만다. 차량이 스스로 주행하고, 인간이 우
주를 여행하며, 인공지능이 우리를 대신해 글을 쓰거나 심
오한 질문에 답한다. SF영화에나 나올 것 같은 일들이 이미
현실이 됐다. 이 모든 건 인간이 꿈을 꾸고 잠재력을 발휘해
실현한 일이다. 잠재력이야말로 우리 꿈을 실현하는 기적의
힘이다.

숨은 잠재력을 깨우는
세 가지 요소

누구에게나 무한한 가능성과 잠재력이 있다. 그러나 그
런 잠재력이 있는지조차 모르고 살아가는 경우가 많다. 우
리 내면의 잠재력을 끌어내리려면 뇌 구조를 바꿀 필요가 있
다. 뇌에 있는 뉴런은 반복되거나 인상적인 경험을 할 때 구
조 변화를 일으키며 강력한 힘을 발휘한다. 그렇다면 어떻

게 해야 할까?

뇌에 변화를 일으키려면 큰 자극이 필요하다. 여기에는 '호기심'과 '관찰', '믿음'이 필요하다. 위대한 발명과 문명의 발전은 모두 소소한 호기심과 관찰에서 출발했다. 거기에 믿음까지 더하면 변화와 성장을 이끄는 강력한 무기가 완성된다.

변화하고 싶다는 동기를 얻는 결정적인 순간이 있다. 첫째는 아이러니하게도 '불편'을 느끼는 순간이다. 가장 큰 불편으로는 '지금 겪는 현실과 미래에 찾아올 이상 사이에서 느껴지는 괴리감'이 있다. 이를 '인지 부조화'라고 한다. 우리는 현실과 이상 사이에서 격차를 느낄 때 부조화를 경험하고, 그 격차를 좁히려는 마음이 생긴다. 이제는 목표를 포기하거나 합리화하길 원하지 않으며, 과거를 반성한 뒤 앞으로 나아가고 싶어진다.

두 번째로 불편한 순간은 '원하는 목표가 명확해질 때'다. 뭔가 이루려는 강한 욕구는 뇌에 커다란 자극을 준다. 원하는 바가 명확해질수록 변화를 원하는 동기는 더욱 강해진다. 그러면 목표를 세분화하고, 세분화한 단계가 익숙해질 때까지 실행해야 한다.

이 두 가지 '불편'을 모두 느끼려면 자신을 들여다보는 객관적인 관찰과 생각의 변화가 필요하다. 호기심과 관찰, 믿음을 통해 변하고 싶다는 동기가 생겼다면 이제는 자신감이라는 칼을 뽑고 전진하면 된다. 당신은 변화하는 과정에서 점차 성숙해질 것이다.

'그릿',
재능 신화를 깨부수다

누군가가 어느 분야에서 두각을 나타낼 때, 우리는 그에게 '재능'이 있다고 한다. 그리고 재능을 갖고 태어난 아이를 '신동'이라 부른다. 그렇다면 이들은 성인이 돼서도 뛰어난 재능을 발휘하며 잘살고 있을까?

하지만 실상을 살펴보면 어릴 적에는 신동이라 불렸지만 이내 재능을 잃어버리는 경우가 많다. 이는 가정, 사회, 경제적 한계나 교육 환경 탓에 일어나는 문제기도 하지만 자기 스스로 동기가 부족하거나 목표가 없는 탓일 때가 더 많다. 팝스타 레이디 가가나 배우 드웨인 존슨처럼 어렸을 땐 평범했거나 괴짜 취급당한 아이들이 나중에 위대한 업적을 남기는 사례가 훨씬 자주 보인다.

위대한 업적을 남긴 이들의 일대기를 살펴볼 때 눈에 띄는 부분은 그 남다른 능력을 계속 쓰고 유지하며 끈기 있게 발전시켰다는 점이다. 잠재력은 주어진 힘을 꾸준히 쓰고 발전시킬 때 비로소 나타난다. 그러면 뉴런이 활성화되면서 마치 AI처럼 더욱 진화해 나간다. 최근에는 꾸준한 열정과 목표에 대한 헌신을 '그릿Grit'이라고 한다. 미국의 심리학자 앤절라 더크워스가 개발한 개념이다. 그 연구에 따르면 그릿은 학업, 스포츠, 예술, 경영 등 다양한 분야에서 나타난다. 단순한 지능이나 재능과는 별개로, 어려운 상황에서도 꾸준히 노력하며 자기 통제력을 발휘하는 사람들은 자신의 목표에 강한 흥미와 열정을 보이며 고난과 실패에도 포기하지 않는다.

한계와 잠재력에 관해 마이클 잭슨이 남긴 인터뷰가 있다.

"너는 무엇이든 할 수 있다 믿고, 위대한 사람들을 공부해서 그보다 더 위대해져야 해. 과학자 같은 자세로 하나씩 살펴보고, 무슨 일이 있더라도 '나는 할 수 있다'라고 믿어야 해. 온

세상이 너를 싫어하고, 괴롭히고, 성공하지 못할 거라고 저주해도 말이야. 가장 위대한 일을 해낸 사람들도 그렇게 대우받곤 했어. 사람들은 그들이 결국 못 해낼 거라 말했어. 사람들은 라이트 형제를 업신여겼고, 토머스 에디슨을 무시했고, 월트 디즈니를 비웃었어. 헨리 포드는 대학 졸업장이 없다는 이유로 놀림을 받았어. 그런데 이 사람들이 우리 문화를 이끌었어."

마이클 잭슨이 언급한 이들은 모두 끈기와 의지, '그릿'을 갖고 있었다. 인간은 대부분 비슷한 유전자를 갖고 태어난다. 각자 특성이 조금 다를 뿐 신체 기능이나 뇌 발달에 따른 뉴런 활성도는 같다. 모두 똑같이 잠재력을 품었다는 말이다. 하지만 이 힘을 개발하고 사용하느냐, 그러지 않느냐에서 차이가 생긴다.

모두가 재능 넘치는 천재일 수는 없다. 자기가 가진 능력을 끌어올리라는 말은 지쳐 방전될 때까지 모든 걸 쏟아부으라는 뜻이 아니다. 게으름에서 벗어나고, 조금만 더 노력하고, 조금만 더 행동한다면 지금보다 더 발전할 수 있다는 말이다. 99퍼센트의 재능을 가졌지만 노력하지 않는 사람보다, 1퍼센트의 재능으로 열심히 노력하는 사람이 더 나은 결

과를 가져온다. '99퍼센트의 노력과 1퍼센트의 재능'이라는
말도 있지 않은가.

근성이 곧
멘탈이다

　나를 찾아오는 고객 중에는 《그릿》, 《1만 시간의 법칙》 같
은 자기계발서를 읽고 평소보다 강도 높게 훈련하거나 공부
했지만 원하는 성과를 얻지 못했다며 불만을 토로하는 이들
이 있다. 그들은 대체로 '노력'이 뭔지 착각하곤 한다. 어떤
분야에서든 잠시 불타오르다가 식어버리는 열정은 의미가
없다. 한결같은 지속성이 중요하다. 따스한 온기 같은 노력
이 필요하다. 그리고 이런 노력을 삶의 일부로 받아들이고
습관화해야 한다.
　그래서 잠재력을 개발하는 데도 '가치'라는 나침반이 필
요하다. '가치'라는 나침반은 우리가 어디로 향하든 이정표
가 돼줄 것이다. 힘겨운 일에 부딪히고 때론 좌절하더라도,
이정표를 가진 사람에게는 언젠가 목적지에 도달하리라는

희망이 있다. 이정표가 있다면 올바른 방향을 찾을 때까지 방법을 고쳐나갈 수 있다. 우리는 이렇게 목적지를 향해 계속 나아갈 근성을 기른다. 이 근성이 바로 잠재력을 개발하는 시작점이자 과정이다.

작은 성공을
반복하라

목표가 없는 노력은 금세 포기로 이어지거나 집착에 빠지기 쉽다. 그렇다면 우리는 좀 더 현명한 방법으로 접근해야 한다. 이루고자 하는 게 있다면 그 목표를 아주 작게 나눠 하나씩 실천에 옮기는 것이다. 그리고 그 작은 과정들에 익숙해질 때까지 습관화해야 한다. 거창한 목표를 바라볼 때보다는 간단해 보이는 작은 목표들을 따라갈 때 부담이 적다. 그러니 편안한 마음으로 실행할 수 있다. 이처럼 '작은 성공'은 목표를 향해 꾸준히 나아가는 데 큰 도움이 된다.

사람들이 결심과 실행, 실패를 가장 많이 반복하는 분야는 바로 다이어트다. 모두 한두 번은 경험했겠지만, 다이어트를 하거나 멋진 몸을 만들겠다며 무작정 굶거나 단숨에 지칠 정도로 운동하는 건 도움이 되지 않는다. 의지가 금세 사라지고 이내 지쳐버려 쉽게 포기하기 때문이다. 우리는 포기해버린 자기 모습에 좌절하고 다시 도전하기를 꺼린다. 결국 '나는 안 되는 사람'이라는 나쁜 인식과 함께 자존감도 떨어지고 만다.

이럴 땐 다이어트의 최종 목표를 세세하게 설정해보자. 기간은 언제까지인지, 목표는 몇 킬로그램인지, 어떤 부위를 어떻게 만들고 싶은지 등 다이어트에 성공한 모습을 구체적으로 그려보는 것이다. 다이어트의 첫 단계인 식단 조절을 어떻게 시작할지 계획하고, 각 단계가 익숙해질 때까지 그 행동을 반복한다. 그 후 좀 더 어려운 단계로 넘어간다. 식단 관리가 익숙해질 때쯤 비로소 운동계획을 세운다. 이때도 처음부터 스쿼트 100개, 런지 50개, 달리기 1시간처럼 초보자가 따라가기 힘든 무리한 계획을 세우지 않는다. 스쿼트 10개, 런지 10개, 달리기 10분처럼 쉬운 계획부터 시작한다.

프리미어 리그를 대표하는 공격수 손흥민 선수 역시 축구를 시작할 땐 아주 기초적인 연습만 6년 넘게 반복하며 훈련했다고 한다. 목표를 세분화하고 조금씩 이루는 연습을 꾸준히 반복하는 과정이야말로 프리미어 리그 득점왕이라는 꿈과 목표를 이룬 비결이다.

세계적인 자기계발 코치로서 글로벌 베스트셀러《습관의 재발견》을 펴낸 스티븐 기즈의 인생을 바꾼 계기는 매일 밤 '팔굽혀펴기 1회'였다. 무리한 계획을 세우고 실패하기보다 작은 성공을 반복할 수 있도록 세세한 계획을 세우는 게 핵심이다. 이 역시 익숙해졌다면 강도를 조금씩 올리고 다음 단계를 밟자.

3

밸런스
몰입과 휴식 사이 최적의 균형

우리나라 학생들은 유아기뿐만 아니라 초·중·고 12년 내내 치열한 경쟁을 거치며 살아간다. 이른 아침 등교를 시작으로 자정에 가깝게 이어지는 학원 수업까지…… 성인 못지않게 빡빡한 일정을 소화해야 한다. 그 결과 대학입시가 끝나는 순간 이제까지 억압당한 마음이 분출되기 시작한다. 대입 자체가 목표였던 학생들은 그 이후 새로운 의미를 찾지 못해 방황한다. 인생에서 작은 메달 하나를 더 얻은 데 그치고 만다.

스포츠 분야 역시 옆에서 지켜보기 안타까울 만큼 개인 생활이 없다. 선수들 대부분이 자기 삶은 미루거나 포기한 채 오직 경기와 성적을 목표로 살아가기 때문이다. 우리나라 선수들은 해외 선수들보다 은퇴 시기가 유독 빠르다. 부상이나 체력 저하 같은 외적 요인도 많지만, 자기 스스로 스포츠 세계에서 빨리 벗어나려는 욕구도 강하다. 자기가 하는 일이 몰입이 아니라 강박으로 작용하기 때문이다.

왜 이런 일이 벌어지는 걸까? 원인은 몰입과 휴식 사이의 불균형에 있다. 많은 사람이 몰입과 휴식이 공존해야 시너지 효과가 난다는 사실을 모른다. 일과 삶 사이에 균형이 잘 잡혀야 만족하며 살아갈 수 있다. 어느 집단에 속해 있든, 우리는 늘 목표에 집중하고 몰입해야 한다는 압박을 받는다. 하지만 몰입만 지나치게 강조하면 과몰입으로 변하고 집착 혹은 강박으로 넘어갈 위험이 있다. 이제는 시대가 달라졌다. 직업군도 늘어났고 사람들의 생각도 바뀌었다. 단순히 끝없이 달려가 성취하는 게 능사가 아니다. 자기만의 가치를 발현하는 사람이 훨씬 '성공적'으로 사는 시대다. 목표에만 집착하면 상황판단능력을 잃는다. 전체를 보지 못하고 한 현상에만 파묻혀 생각을 확장할 수 없기 때문이다.

　제대로 몰입하려면 반드시 '휴식'이 필요하다. 몰입에 필요한 힘은 휴식할 때 모인다. 쉬지 않고 달리는 사람은 엔진오일이 바닥난 자동차 같다. 잠시 달릴 수야 있겠지만 속도는 점점 느려지고 결국 멈춰서게 된다. 이런 식으로 성과는 낼 수 있을지 모른다. 하지만 몸도 마음도 조금씩 망가진다. 어느 날 어디 한 곳이 고장 나면 그토록 소중한 경력도 끊겨버린다. 휴식은 몸과 마음에 기름을 칠하는 과정이다. 잠시 멈춰서 조금씩 채워주면 된다. 휴식을 통해 수면, 생각, 에너지 등 빈 곳을 채우고 나서야 다시 몰입할 수 있다.

즐기는 자가
이긴다

　'1만 시간의 법칙'이라는 게 있다. 어떤 일이건 1만 시간을 투자하면 누구나 그 분야에서 전문가가 될 수 있다는 이론이다. 여기까지 반은 맞고 반은 틀리다. 실상 이 이론이 모두에게 통하는 건 아니기 때문이다. 왜 이런 차이가 생기는 걸까? 단순히 1만 시간을 투자하는 게 핵심이 아니기 때문이다. 그저 1만 시간을 보내는 게 아니라, 그동안 '진정한 몰입'을 했을 때만 전문가가 될 수 있다. 그들은 자기가 하는 일에 호기심을 갖고 아주 작은 변화도 포착하며 희열을 느낀다. 천재는 노력하는 자를 이길 수 없고, 노력하는 자는 즐기는 자를 이길 수 없다. 이게 바로 잠재력을 끌어내는 최고의 방법이다.

몰입이라고 하면 어렵고 힘겨운 작업이라 생각하는 경우가 많다. 그러나 몰입은 우리가 생활하며 겪는 아주 작은 일에서부터 수없이 일어난다. 집에서 요리할 땐 맛있게 잘 만들고자 집중하고 몰입한다. 화장실을 열심히 청소할 때도 그 일에만 집중해 아무 생각도 들지 않는 경지에 이르기도 한다. 좋아하는 TV 프로그램을 볼 때 전화 소리나 누가 부르는 소리를 못 들은 경험도 있을 것이다. 즐겁게 몰입했기 때문에 다른 소리에 집중하지 못한 것이다. 여기서 중요한 건 몰입하기 전 단계에서 즐거움이나 호기심이 생기면 집중하기 더욱 좋은 환경이 된다는 점이다. 그다음 단계에서는 결과나 감정에 휘둘리지 않고 자기가 하는 일과 과정에 서서히 빠져들 때 더욱 깊은 몰입으로 접어든다.

탁구 신동 신유빈,
주어진 현재에 온몸으로 몰입하라

누구보다 자기 일을 사랑하는 사람으로 탁구 국가대표 신
유빈 선수를 꼽고 싶다. 탁구는 상대를 눈앞에 두고 경기하
는 만큼 변수도 많고 멘탈이 흔들리기 쉬운 종목이다. 그런
점에서 신유빈 선수는 남다르다. 초등학교 5학년 때부터 심
리코치로 함께했는데, 신유빈 선수가 보여주는 모습은 그때
나 지금이나 똑같다. 처음에는 어떻게 초등학교 5학년 선수
가 저토록 눈빛이 이글이글하고 자기 종목에 진심일 수 있
는지 놀라울 정도였다. 신유빈 선수는 자기가 하는 일, 탁구
에만 몰입한다. 좋아하고 재밌어하고 궁금해한다. 현재에 안
주하지 않고 꾸준히 성장하려 애쓴다. 기술도 정신도 마찬
가지다. 스스로 얼마나 성장할 수 있을지, 상대가 자기보다
잘하는 점에는 어떤 비결이 있는지 들여다보고 반드시 찾아
낸다.

그러나 신유빈 선수에게도 슬럼프가 찾아왔다. 2022년
봄부터 1년 정도 부진한 시기가 있었다. 그렇게나 좋아하는

탁구를 이어갈 수 있을지 스스로 의심했다. 처음으로 찾아온 슬럼프에 낯선 경험과 감정을 감당하기 어려웠다. 신유빈 선수는 즐기는 마음을 잊고 강박관념에 빠졌다. 연습 시간을 재면서 스스로 채찍질했다. '무조건 1시간은 연습해야 해, 무조건 1,000번은 휘둘러야 해.' 불안이 심해지면 이런 증상이 생긴다. 나는 이 문제부터 풀기 시작했다.

우리는 선수 신유빈의 강점이 뭔지 다시 분석했다. 신유빈 선수는 탁구를 좋아하고 사랑하고 궁금해한다. 경기에서 이겨야 한다는 압박감이나 질 수도 있다는 불안감을 버리고 상대 선수를 유심히 들여다본다. 이렇게 선수 신유빈의 강점 분석에 집중하며 연습한 결과를 경기에서 발휘할 수 있을지 살폈다. 신유빈 선수의 진짜 강점은 결과나 등수에 연연하지 않고 자신이 쓰는 기술이나 동작을 어떻게 구현할지 고민하는 태도, 그 행위에 빠져드는 집중력, 상대의 패턴을 읽어내고 경기에 몰입하는 힘이었다. 그러나 어느 순간 순위를 지켜야 한다는 생각이 들면서 불안이 찾아왔다. 또 이 불안을 해소하기 위한 강박관념이 생겼다.

우리는 처음으로 돌아가 신유빈 선수의 강점, 즉 호기심을 갖고 노력하는 과정에 빠져든다는 특성을 강화하기 시작했다. 하나하나 지나가는 과정에서 느껴지는, 작지만 짜릿한 성취감을 발견하고 끌어모았다. 결과에 대한 불안에서 벗어나 눈앞에 있는 상대를 다시 관찰했다. 스스로 노력하며 이뤄내는 과정을 분석했다. 그렇게 미래를 걱정하기보다 현재에 몰입한 결과, 신유빈 선수는 자연스레 슬럼프를 이겨냈다.

눈앞에 있는 상대와 겨루는 스포츠는 치열한 경쟁 속에서 살아가는 우리 일상과 닮았다. 학생도 직장인도 경쟁에서 살아남아야 한다고 믿으며 1등이 되려 애쓴다. 사회에 만연한 시스템은 우리에게 즐기는 방법을 알려주지 않았다. 그저 목표를 향해 열심히 달려서 이뤄내면 행복해진다고만 가르쳤다. '좋은 대학만 가면 그때부터는 자유인데, 왜 지금 사소한 일 때문에 망치려 하느냐', '취업을 잘해야 하니 그때까지만 견디자', '조금만 있으면 승진인데 그것도 못 참아?' 등등 세상은 늘 우리가 무책임하거나 참을성 없는 사람이라고 낙인찍곤 했다.

하지만 싸워서 이기는 게 능사가 아니다. 이 메시지들은 우리 생각 체계를 위축시키기 때문이다. 우리는 지혜롭고 넓은 식견으로 세상을 바라보며 자기 일에 푹 빠져야 한다. 지금 처한 상황을 객관화하고 분석해야 어떤 행동을 취할지 정할 수 있다. 이런 메타인지가 필요하다. 어떤 일에 푹 빠지면 상황을 분석하며 뭔가 시도하고 연습하게 된다. 이 과정에서 비로소 재미와 호기심이 생긴다.

그래서 나는 누구에게나 성취 척도를 재라고 권한다. 마음가짐이든 기술이든, 1점부터 10점까지 점수를 매긴다. 오늘 몇 점이나 해냈는지, 전보다 몇 점이나 올랐는지, 어떤 점을 보완해야 할지 점수화하고 체계화한다. 경쟁 심리에 빠져서 상대를 이기는 데 목을 매면 곤란하다. 경쟁하는 과정에서 자기 자신이 얼마나 성장하고 있는지 살필 줄 알아야 한다.

이때 성장이라고 하면 사람들은 엄청나게 큰 변화라고 생각한다. 하지만 매일 조금씩, 어제보다 무엇 하나라도 더 해내면 된다. '오늘은 영단어를 1개 더 외웠어', '오늘은 5분간 나 자신을 들여다봤어', '모든 걸 내려놓고 마음을 비웠어', '편안하게 쉬었어', 이 정도면 충분하다. 작은 성공과 변화가 자존감을 끌어올리기 때문이다.

변화는 사소한 일에서 시작된다. 변하는 과정에서 조금이라도 만족감을 느껴야 한다. 작은 만족감과 성취감은 커다란 씨앗이 된다. 이 씨앗을 마음에 심으면 기대와 희망이 생긴다. 내일은 또 무슨 일을 할지, 어떻게 잘 살아볼지 즐거운 고민을 하게 된다. 여기서 또다시 성취감을 얻을 수 있다.

애플 공동창업자이자 전 CEO인 스티브 잡스는 "제품 개발 과정에서 열정과 즐거움을 느끼는 게 진정한 성공의 핵심"이라고 조언했다. 페이스북 COO였던 셰릴 샌드버그는 이렇게 강조했다. "어려움을 극복하고 성장하려면 자기만의 열정과 즐거움을 추구해야 한다." 올림픽에서 금메달 23개를 획득한 전설적인 수영선수 마이클 펠프스는 이렇게 말했다. "나는 수영을 사랑합니다. 훈련에서 경기까지 모든 순간을 사랑합니다. 그 사랑이 나를 성공으로 이끕니다." 주어진 상황이나 자기 일을 즐기지 않는다면 행복을 미루는 것일 뿐이다.

깊은 몰입을
불러오는 방아쇠

① 약 스트레스 상황

연습할 땐 100퍼센트 집중하지 못하다가 실전에서 완전한 몰입을 경험할 때가 있다. 그 이유는 의외로 간단하다. 바로 긍정적 스트레스 덕이다. 스트레스나 긴장감이 적당할 때 동기를 부여하고 성취 의욕을 높여 더욱 쉽게 몰입하도록 도와주기 때문이다. 연습 상황에서는 실전만큼 스트레스를 받지 않는다. 연습을 실전처럼 하라는 말은 어떻게 보면 연습할 때도 어느 정도 스트레스를 받으라는 뜻이다.

② 명확한 보상

누구나 한 번쯤 게임을 하며 밤을 새운 경험이 있을 것이다. 그게 가능한 이유는 눈에 보이는 즉각적인 보상이 주어지기 때문이다. 게임 초기, 낮은 레벨에서는 지루할 틈도 없이 쉬운 미션을 깨고 곧장 보상받는 과정을 반복하며 성취감을 맛본다. 레벨이 한 단계씩 올라갈수록 미션 수행에 필요한 시간과 극복해야 할 요인이 늘어난다. 하지만 게이머들은 기꺼이 도전하려고 한다. 초반에 맛본 성공과 성취 경험, 보상체계가 어우러져 어려움을 극복하고 성취감을 얻으면서 몰입을 경험했기 때문이다.

③ 시간 제약

하는 일이나 연습에서 능률이 오르지 않는다면 시간 제

약을 걸어보자. 그리고 충분히 할 수 있는 난도보다 살짝 높은 목표를 세우고 도전해보자. 마감 시한이 생기면 시간 안에 일을 마쳐야 한다는 긴장감이 감돈다. 난도를 살짝 높이는 이유는 충분히 할 수 있는 일에서는 쉽게 지루해지기 때문이다. 매일 똑같은 업무를 반복하는 직장인이라면 오늘 할 일에 시간 제약을 두고 처리한 후, 남은 시간에는 더 높은 단계에 도전해보자. 몰입을 통해 업무수행능력을 높이는 좋은 방법이다. 물론 그 후에는 꼭 자기 자신에게 보상해주길 바란다. 휴식 시간을 늘린다든지, 달콤한 케이크와 커피를 즐기는 것도 좋다. 온전히 자기만을 위한 보상을 주자.

빌 게이츠가 꼭 지키는
한 가지 규칙

빌 게이츠는 세계적인 부자이자 열정적으로 일하는 기업가다. 그는 시간 관리에 신경을 많이 쓴다고 한다. 1분 1초가 특별한 그에게는 업무와 생활에서 꼭 지키는 몇 가지 규칙이 있다. 그중에서도 가장 중시하는 한 가지는 바로 '하루

7시간 수면'이다. 그 역시 처음에는 밤을 새우며 일하기도 했다. 하지만 건강과 생산성에 관심을 가진 이후부터는 "충분히 자지 않으면 결코 창의적인 일을 해낼 수 없다"라는 말을 남겼다. 그는 7시간 수면, 수면 전 컴퓨터와 스마트폰 사용 금지, 편안하고 조용한 환경 조성 등 수면 관리에 큰 관심을 기울인다. 허핑턴 포스트 설립자 아리아나 허핑턴, 아마존 창업자 제프 베조스, 애플 CEO 팀 쿡…… 세계적인 경영자라는 사실 외에 이들의 공통점은 철저한 수면 시간과 수면 원칙을 강조한다는 것이다. 이들은 왜 수면과 휴식을 중시하는 걸까?

① 건강과 휴식의 척도, 수면 습관

잠은 육체의 휴식과 회복을 위한 필수요소다. 잠자지 않고 버티기로 기네스북에 오른 최고 기록은 264시간, 약 11일이다. 이 기록에서 수면 부족이 어떤 상황을 불러오는지 살펴볼 수 있다. 잠자지 않고도 무난히 지나간 첫 2일과 달리, 3일 차부터 문제가 생겼다. 도전자는 메스꺼움을 느끼기 시작했고 정신능력이 점점 떨어졌다. 4일째는 치매 초기처럼 뭔가 기억해내기가 어려워졌다. 5일째에는 정신 분

열 증상이 나타났고 방향감각을 잃었다. 6일째에 숫자를 세는 과제를 주자 반쯤 세다가 자기가 뭘 하고 있었는지 잊어버렸다. 단기 기억상실 증상이었다. 7일째부터는 제대로 발음하지 못했고 정신적으로도 견디기가 힘들어졌다. 실험 후 다행히 회복했지만 한동안 불면증 등 부작용이 잇따랐다고 한다.

우리가 잠을 자는 이유는 무의식을 활성화하기 위해서다. 무의식은 의식 세계에서 얻은 중요한 정보를 저장하고 불필요한 정보는 삭제한다. 이때 우리는 인간에게 주어진 최고의 선물인 '망각'을 경험한다. 불필요한 정보까지 모두 기억하며 살아간다면 우리 머릿속은 너무 복잡하고 혼란스러울 것이다. 특히 나쁜 기억과 함께 당시 느낀 감정이 요동쳐 삶을 지탱하기 힘들어질지도 모른다. 실제로 망각하는 능력이 없는 사람들을 다룬 다큐멘터리가 제작되기도 했다. 이들은 너무 많은 기억과 감정의 소용돌이 속에서 삶을 겨우 지탱하고 있었다. 우리 뇌에게도 쉬는 시간이 필요하다.

잠은 우리 의식과 무의식을 조절하며 정신 문제에 관여한다. 지친 육체를 충전하는 아주 중요한 역할도 한다. 자신의 수면 습관을 점검해보자. 수면 연구에 따르면 성장 호르몬과 멜라토닌이 분비되는 밤 10시~새벽 2시 사이에는 푹 자는 게 가장 바람직하다. 그 시간에 잠을 잘 수 없는 특정 직업군이라면 일정한 시간에 잠들고 일어나는 것만이라도 꼭 지켜야 한다. 몸은 잘 시간과 일어날 시간을 기억한다. 통계에 따르면 7시간 30분 정도가 좋다고 하지만, 개인에 따라 차이가 있는 만큼 각자 적절한 수면 시간을 찾는 게 좋다.

② 명상과 호흡

잠이 불충분하면 명상으로도 에너지를 채울 수 있다. 휴식이라는 개념은 육체뿐만 아니라 정신, 즉 뇌를 포함한다. 자극이 넘쳐나는 현대사회에서는 생각을 정리하고 비우는 작업이 필수다. 또 우리는 너무 많은 일에 시달린다. 미래에 대한 걱정과 불안, 과거에 대한 집착과 후회 역시 우리를 괴롭힌다. 우리는 현재의 소중함을 알고 평안함을 느끼며 살아야 한다. 명상은 현재를 있는 그대로 느끼게 해주며, 자신의 감정 상태를 들여다보고 정리하도록 도와준다.

명상은 그리 어려운 일이 아니다. 물론 고차원적인 명상도 있긴 하지만, 우리는 쉽게 접근할 수 있고 일상에서 활용하기 좋은 방법을 써보자. 요즘은 유튜브나 관련 앱으로도 쉽게 명상 수업을 접할 수 있다. 내가 코칭하는 고객들에게도 자주 소개하는 도구로 'Calm'이라는 명상 앱이 있다. 이 앱을 쓰면 자연에서 오는 소리와 음성 안내에 따라 불안, 집중 등 여러 상황에서 명상할 수 있다. 시간도 10분, 20분, 1시간, 3~6시간 등 다양하게 정할 수 있다. 그 시간만큼은 걱정하던 일들과 힘겹게 느껴지는 상황을 잠시 잊고 생각을 비우자. 이게 명상의 기초이자 핵심이다. 냉장고에 내용물을 가득 채우면 정상으로 작동하기 어려운 것처럼, 우리 마음도 정기적으로 비워줘야 진정한 휴식을 취할 수 있다.

가장 간단한 명상으로는 호흡법을 권한다. 호흡법에도 많은 이론이 있지만 아주 바쁜 순간, 긴장하거나 불안한 순간에는 깊은 호흡만으로도 휴식을 취할 수 있다.

숨을 깊게 들이마시려면 일단 몸속에 남은 공기를 끝까지 내뱉어보자. 그다음 공기가 코로 천천히 들어오는 걸 느끼고, 공기의 온도도 느껴보자. 숨이 가득 찬 순간 잠시 호흡을 멈추고 심장박동과 공기의 압박감을 가만히 느껴보자. 다시 입으로 호흡을 길게 내뱉으면서 공기가 빠져나가는 걸 느껴본다. 이 순간만큼은 오직 공기의 흐름과 몸 상태에 집중함으로써 잠시라도 걱정과 불안, 잡념에서 멀어져보자.

나를 찾아온 고객 중에는 중요한 발표를 앞두고 불안과 긴장에 빠져 힘겨워하는 직장인이 있었다. 이 고객에게는 호흡법을 알려주고 실천하게 했다. 늘 긴장과 압박에 시달리는 운동선수들도 결정적인 순간에 호흡 명상을 하도록 훈련했다. 특히 골프선수들에겐 대회에 출전해 티샷을 날리거나 중요한 퍼팅을 시작하는 순간에 호흡법을 활용하라고 강조했다. 호흡법을 활용하는 순간은 아주 짧지만, 그 덕에 이성적으로 대처했다는 좋은 후기를 받았다.

또 다른 효과적인 도구로, 몸의 감각을 그대로 느끼는 명상법을 소개한다. 사람들은 자기 몸으로 느끼는 감각을 잊고 산다. 지금 앉아 있는 자세 그대로 눈을 감고 정수리에 감각을 집중해보자. 그대로 쭉 내려와 머리를 지탱하는 목을 느끼고 어깨가 경직됐는지, 부드럽게 풀려 있는지 본다. 다음으로 척추를 따라 내려가며 등에는 어떻게 힘을 주고 있는지, 팔은 의자에 어떻게 올려놨는지, 손에서 오는 느낌은 어떤지 생각한다. 엉덩이에서 허벅지로 내려가며 의자에 맞닿은 느낌은 어떤지, 종아리는 어디에 있는지 살펴본다. 발바닥이 신발 깔창에 맞닿은 느낌, 양말을 신은 느낌, 발로 바닥을 지그시 누르는 느낌도 본다. 전신을 쭉 훑어보는 '보디 스캔' 명상법이다. 스캔을 마치고 눈을 뜨면 앞에 놓인 물건의 색감과 모양을 받아들이되 평가하거나 판단하지 않는다.

보디 스캔은 운동선수에게도, 일반인에게도 꼭 필요한 명상법이다. 운동선수라면 연습하려는 동작을 스캔해본다. 지금 어떤 자세를 취했는지, 골프채나 방망이를 어떻게 휘두를지 하나하나 나눠서 살펴본다. 그러면 동작 수행 상태를 점검하고 자기 몸도 들여다보며 더욱 깊이 몰입하게 된다. 학생이나 직장인도 보디 스캔을 생활화하면 좋다. 뭔가 중요한 일을 시작하기 전에, 앉아 있든 서 있든 지금 있는 그대로 자기 몸을 느껴본다. 그러면 머릿속이 맑아진 상태에서 일에 더욱 집중할 수 있다.

③ 새로운 활동과 창의력

늘 하던 일에서 잠시 벗어나 다른 활동을 해보는 것도 좋은 휴식법이다. 활동은 에너지를 쓰는 일인데 어떻게 휴식이 되는지 의문이 들 수도 있다. 뇌는 하던 일을 계속할 땐 노동이라고 느낀다. 하지만 새로운 작업을 할 땐 원래 하던 일을 멈추고 쉰다고 느낀다. 새로운 활동이란 거창한 걸 말하는 게 아니다. 가령 늘 다니던 길이 있다면 내일은 다른 길로 걸어보자. 뇌는 새로운 정보에 호기심을 느끼고 이를 휴식으로 받아들인다. 또는 늘 하던 일에서 벗어나 새로운 취미를 가져보자. 취미생활이야말로 더없이 좋은 휴식이다. 이는 평소에 쓰지 않는 뇌세포를 자극한다. 자극받은 뇌세포는 새로운 시스템을 움직이고, 뇌가 가동하는 범위도 넓어진다.

거창한 취미가 아니어도 좋다. 쉴 때 하는 일을 목록으로 만들어보자. 힘들고 지칠 때면 그 목록을 꺼내 뭘 할지 정해보자. 경험을 바탕으로 정해도 좋고, 새로운 시도여도 좋다.

나 역시 쉬고 싶을 땐 나만의 휴식 목록을 꺼내 뭘 할지 즐겁게 고민하고 실행한다. 대청소하기, 물건 정리하기, 좋아하는 목욕용품으로 씻기, 가만히 누워서 기분에 맞는 음악 듣기, 작품 감상하기, 강아지와 놀기 등이다. 그때만큼은 온전한 내 시간이다. 누구에게도 방해받지 않는다. 치열하게 고민할 땐 복잡하게 얽혀 풀리지 않던 일들이 쉬는 시간에 떠오른 아이디어로 해결되는 순간도 자주 경험한다.

뉴턴이 사과나무 아래에서 쉬다가 만유인력의 법칙을 발견한 것도, 아르키메데스가 욕조에서 씻다가 "유레카!"를 외치며 질량과 밀도, 부피의 상관관계를 알아낸 것도 쉬면서 재설정한 결과다.

생각이 복잡하다면, 어려운 문제를 해결하고 싶다면 일단 쉬어라. 휴식은 진정한 몰입을 위한 준비작업이다.

스마트폰을 보면서도 쉴 수 있을까?

흔히 스마트폰을 들여다보는 시간에 쉰다고들 여긴다. 인스타그램과 유튜브에 접속해 화려한 콘텐츠들을 소비하며 뇌에 끊임없이 자극을 준다. 이건 쉬는 게 아니다. 스마트폰은 쉬어야 할 뇌를 자꾸 건드리는 자극제다.

요즘에는 도파민 끊기에 도전하는 사람이 많다. 7일, 10일, 20일로 기간을 잡아두고 스마트폰을 끊는다. 꼭 스마트폰이 아니라도 자극적인 일을 피하며 자연 속에서 살아보기도 한다. 요즘 세상은 우리 뇌를 너무 심하게 자극한다. 자극 없이 쉴 때 만들어지는 호르몬도 있다. 이 호르몬을 조금씩 모았다가 몰입이 필요한 순간에 써야 한다. 그래야 더 큰 성과와 성취감을 맛본다.

4

긍정 정서
최상의 상태로 이끄는 힘

최근 심리학계에서는 긍정 정서의 중요성이 점차 커지면서 긍정 정서 확장을 다루는 다양한 방법론이 나오고 있다. 정서라는 요소는 많은 부분에 영향을 끼치는 만큼 우리에게 매우 중요하다.

우리 삶은 멘탈을 무기 삼아 겨루는 게임이라고 할 수 있다. 어떤 정서를 가지느냐에 따라 결과가 달라진다. 여러 분야에서 일하는 사람들을 코칭하다 보면 늘 잘하던 일도 안

팎에서 쏟아지는 압박 탓에 망쳤다는 이야기를 자주 듣는다. 똑같은 일을 하는데도 결과에 심한 기복이 생기거나 평소 실력조차 발휘하지 못하는 경우도 접한다.

코칭하면서 그 이유와 근원을 서서히 찾다 보면 모든 준비와 점검이 끝났는데도 중요한 일을 시작하기 직전에 '덜컥 겁이 났다'라거나 '갑자기 실패할 것 같다는 생각이 들었다'라고 토로하곤 한다.

결국 '마인드가 문제였던 것 같다'라는 자가진단을 듣게 된다. 정서가 결정적인 영향을 미친 것이다. 이런 경우에는 긴장을 푸는 다양한 방법을 써본다. 마음을 비우고 긴장을 푼 상태일 때 가장 좋은 결과가 나온다. 편안하고 자신감 있는 상태다. 긴장을 풀 때 활용하는 방법으로는 '규칙적인 호흡법', '근육 이완', '긍정적인 자기 대화', '긍정적인 이미지 시각화' 등이 있다. 사람마다 효과가 다른 만큼 각자 효과적인 긴장 해소법을 찾으려 노력하는 게 중요하다.

긴장을 푸는 방법 중 하나는 이렇다. 먼저 가만히 심호흡하며 아무 생각 없이 먼산을 바라본다. 뇌를 쓰지 않는다. 평소 우리 머리에는 잡념이 가득하지만 사람들은 이를 잘 모른다. 머리를 비우고 천천히 눈을 뜨면 지금 바로 해야 할 일이 가장 크고 선명하게 보인다. 긴장되는 상황에서 '진정해, 진정해' 하고 닦달하면 오히려 긴장을 부풀리게 된다. 그럴 땐 '내가 지금 떨리는구나, 지금 해야 할 일은 이거구나'라고 생각하며 목표를 선명하게 만들고 심호흡한 뒤 과감하게 해내야 한다.

긍정 정서는 우리에게 최상의 상태, 성공의 발판을 만들어준다. 다만 긍정 정서가 어떤 상황에서도 '나는 즐겁고 행복하다'라고 우기는 막연한 낙관이라고 혼동해서는 안 된다. 이는 근거 없는 낙천주의에 불과하다. 긍정 정서는 부정적인 상황에서도 역경을 딛고 일어설 희망, 해결 방법을 모색하는 자세를 포함하기 때문이다.

긍정 정서의
힘

우리 정서는 크게 '긍정 정서'와 '부정 정서'로 나뉜다. 일반적으로 긍정 정서는 좋은 것, 부정 정서는 나쁜 것이라고 생각하지만 두 가지 모두 우리에게 꼭 필요한 요소다. 부정 정서는 도피, 공격, 추방 등 특정 행동을 유도한다. 이 덕에 우리는 위기에 적절히 대처하고 자기 자신을 보호할 수 있다. 다만 평범한 상황에서 일어나는 부정 정서는 의욕을 떨어트리고 불안을 유도할 수 있으므로 유의해야 한다. 긍정 정서는 반대로 사고를 유연하게 하고 창의성을 높여준다. 어떤 행동을 할지 선택하는 데 있어 능동적이고 폭넓게 살펴보도록 돕는다. 긍정 정서는 부정 정서를 제어하는 강력한 무기다.

결국 '긍정 정서'란 좋은 경험과 상태를 꾸준히 연상하고 키워나가는 습관이다. 반대로 '부정 정서'는 나쁜 경험과 상태를 자꾸만 생각하면서 스스로 땅을 파고 들어가는 습관이다. 긍정 정서든 부정 정서든 습관이 들면 점점 커지고 강해진다.

특히 골프선수들에게 긍정 정서가 중요한 이유는 경기 도중 행동 하나하나를 성공적으로 수행하는 느낌을 줌으로써 흥분된 감정을 조절하고 굳은 몸을 풀어주기 때문이다. 또 신체 리듬이나 페이스를 조절해 스윙이나 심리 상태를 안정시키는 데도 효과적이다. 결론짓자면 긍정 정서는 마음속 불안을 없애고 확고한 자신감을 만들어준다.

정서는 유전적 기질과 성장 환경의 산물이다. 재밌는 사실은 유전적으로 타고난다 할지라도 좋은 요소를 잠재적으로 갖고만 있느냐, 아니면 많이 활용해 큰 힘으로 키워 가느냐가 관건이라는 점이다. 우리 뇌세포는 활용하는 만큼 발달한다. 정서도 마찬가지다. 사람들 대부분은 나쁜 일을 더 오래 기억하고 크게 해석하지만 좋은 일은 당연하게 여기고 잘 기억하지 못한다. 그래서 일부러라도 좋은 일, 긍정적인 측면을 자주 떠올리고 기억해야 한다.

우리는 긍정 정서를 받아들이고 유지하는 태도와 자세를 갖추는 데 집중해야 한다. 사람들 대부분은 실패에 대한 두려움 탓에 본능적으로 변화를 꺼린다. 변화를 대하는 태도를 '반드시 성공해야 한다'에 두지 말자. '실패하더라도 그 또한 성공으로 가는 과정이다'라는 방향으로 바꿔보자. 작심삼일이면 어떤가. 사흘씩 여러 번 되풀이하면 그만이다.

그렇다면 긍정 정서를 확장하는 방법을 알아보자. 어떤 상황을 경험할 때 놀이로 접근해 즐거운 감정을 느끼는 게 무엇보다 중요하다. 놀이로 접하는 즐거운 감정은 한계를 뛰어넘고 창의력을 높이도록 도와주기 때문이다. 신체적 성장과 안정은 물론 사회적 지능도 향상된다. 골프 연습이나 경기에 임할 때, 업무를 처리하거나 공부할 때 '해야 할 일'로 인식한다면 자칫 지루하거나 고되게만 느껴져 불안과 의구심이 커질 우려가 있다. 그러므로 무엇을 하든 그 자체를 즐기려는 태도가 중요하다. 다음은 흥미를 갖고 임하는 자세다. 이 자세는 뭔가를 자연스레 탐구하게 돕고 새로운 정보와 경험을 받아들이게 해준다. 이 접근방식은 문제 해결 방법을 제시해 중도에 포기하지 않고 집중할 환경을 만들어준다.

긍정 정서를 일부러 경험하려는 노력에 대해서도 몇 가지 짚어보려 한다. 먼저 지금껏 접해보지 않은 새로운 것에 관심을 품도록 노력해보자. 책이나 롤 모델에게서 간접적으로 영감을 얻을 수도 있다. 둘째로 소소한 일상에서 놓치던 것들에 고마움을 느껴보길 바란다. 그 고마움이 하나둘 쌓이다 보면 일상이 완전히 새롭게 보일 것이다. 마지막으로 잘하는 일에 대한 자신감을 높여보길 바란다. 지금 힘든 시기를 보내고 있다면 과거에 잘한 일, 성과를 거둔 일을 떠올리면서 자긍심을 가져도 좋다. 잊고 있던 긍정적인 기억을 되살려 최상의 컨디션을 찾게 될 것이다.

긍정심리를 활용한 코칭 대화법

고객들과 함께하는 멘탈코칭에서도 긍정심리학을 자주 활용한다. 상대를 대할 때 긍정심리를 활용하는 코칭 대화법을 간단히 소개하겠다.

부모, 자녀, 친구, 직장 동료 등 혼란스러운 상태에 빠진 상대에게 진정성 있고 공감하는 자세를 보여주며 대화를 시작하자. 이때는 복잡한 고민을 없애고 생각의 중심으로 돌아오게 만드는 대화법이 중요하다. 그리고 가장 잘한 일, 성공적으로 수행한 일이 뭔지 물어보자. 그 상황에서 '어떤 강점을 발휘했는지', '지금은 그 강점을 어떻게 활용할 수 있는지' 묻는다.

상대가 맞이한 힘든 상황과 반대로 '가장 간절하게 원하는 결과는 무엇인지' 등을 질문하면 스스로 긍정심리 상태에 돌입하게 된다. 긍정심리를 유발하는 질문은 상대뿐만 아니라 자기 자신에게도 적용할 수 있다. 부정적인 요소는 줄이고 행복한 시간을 늘릴 행동계획을 짜자. 예를 들어 감사 일기를 매일 쓰거나 가장 믿음직한 친구에게 고민을 털어놓으며 해소하는 식으로 말이다. 이런 방식으로 자신이 원하는 현실에 맞춰 새로운 감정을 만들어낼 수 있다. 부정적 현실과 복잡한 감정을 극복하는 '회복탄력성'을 높이는 방법이기도 하다.

가족과 대화하는 법

사람들은 가족 문제를 다루는 데 서툴다. 바깥에서는 남과 갈등이 생기더라도 지켜야 할 예절과 상식이 있기에 웬만해서는 심각하게 흘러가지 않는다. 오히려 가족이라서 더 크게 상처 주고 상처받는다. '가족이니까 이해해 주겠지', '가족이니까 알아서 해 주겠지', 이런 나쁜 생각이 깔린다. 그래서 사소한 일로도 심각한 갈등이 생기곤 한다.

가장 중요한 사실은, 가족이든 누구든 남을 바꿀 수는 없다는 것이다. 누구도 남을 조종할 수 없다. 그러니 그러려는 시도도 말아야 한다. 상대가 마음대로 움직여주지 않아서 나쁜 감정이 쌓일 때가 많지만, 마음대로 되지 않는 게 당연하다. 자기 생각을 남에게 강요하지 말아야 한다는 건 당연하면서도 지키기 어렵다. 가족이든 동료든 나름대로 사정과 사연이 있다. 그들에겐 그들만의 방식과 규칙이 있다. 이 차이를 존중해야 한다.

가족 간에는 서로 할 말을 하지 않아서 갈등이 생길 때도 많다. 그래서 대화법이 더욱 중요하다. 가까운 사이라도 예절과 상식을 지켜 차분한 어조로 자기 생각을 이야기해야 한다. 속내를 먼저 드러내면 오히려 상처받을 일이 줄어든다. 가족 사이에서 솔직한 대화를 나누기는 어렵다. 그래서 코칭에서는 가족에게 솔직하게 말하게끔 아예 대사를 적어주고 과제로 내기도 한다. 솔직하게 말하면 예상치 못한 결과가 나온다. 사람들에게서 좋은 반응이 돌아온다. 신기한 경험이다. 그러면 본인도 좀 더 용기를 내 솔직하게 행동한다. 이렇게 선순환이 되풀이된다.

5

마인드셋

삶을 대하는 진지한 태도

멘탈 강한 사람이
실패를 받아들이는 방식

멘탈이 강한 사람과 약한 사람의 차이는 어떨 때 가장 극명하게 드러날까? 바로 실패를 마주할 때다.

	멘탈이 약한 사람	멘탈이 강한 사람
실패 원인 해석	실패를 개인의 실력 부족이나 불운 탓으로 해석하는 등, 자기 자신을 비판하며 자신감이 떨어진다.	실패를 단순한 결과로 받아들이고 성장할 기회로 삼는다. 원인 분석과 피드백에 집중한다.
감정적 반응	지나치게 부정적으로 반응하며 자책하기 쉽다. 심리적 스트레스가 이어지는 경우가 많다.	실패에 따른 후유증을 최소화하며 긍정적인 자세를 유지하려 애쓴다.
실패 후 행동	자기 자신이 무능하다고 판단하며 또 다른 실패가 두려워 새로운 도전을 회피하거나 포기한다.	새로운 계획을 세우고 목표를 재조정한 후 다시 시도한다. 실패를 배워가는 경험으로 삼으려 한다.

멘탈이 강한 사람들의 특징을 보자. 이들은 훌륭한 실력을 바탕으로 좋은 성적을 낸다기보다는, 실패를 두려워하지 않고 성공으로 가는 과정이라 여기며 에너지로 받아들인다. 따라서 한두 번 겪는 실패에 좌절하지 않고 오히려 거기에서 새로운 방식을 터득한다. 또한 이들은 단순한 결과에 연연하지 않으며, 자신이 겪은 과정을 중시한다. 과정을 즐기는 것이야말로 진짜 인생을 살아가는 일임을 알기 때문이다.

성적이 잘 나오는 선수, 좋은 성과를 올리는 사람 중에서도 한계가 없는 듯 꾸준한 상승세를 보여주는 이들이 있다. 그들은 지금까지 겪은 수많은 실패와 성공 경험을 바탕으로 무엇을 어떻게 해야 할지 명확히 안다. 그렇기에 믿음을 갖고 상황을 헤쳐 나갈 수 있다. 그들은 새로운 도전을 멈추지 않는다. 그 비결은 결과나 성공 여부를 떠나 도전 자체에 의미가 있다는 사실을 안다는 것이다. 이렇게 많은 일을 시도한 사람은 자연히 경험치가 쌓여 앞으로 성공할 확률이 높아진다.

반면 멘탈이 약한 사람들은 과정보다는 결과에 치중한다. 결과에 치중하면 원하는 결과가 나오지 않을 때 좌절도 클 수밖에 없다. 좌절을 경험한 순간, 멘탈이 강한 사람은 그 이유를 분석하고 나아갈 힘을 키운다. 반면에 멘탈이 약한 사람은 에너지 고갈 상태에 접어든다. 막연한 좌절감에 빠져 상황을 이성적으로 분석하기보다는 감정적인 폭발에 이르는 경우도 많다.

어떤 일이든 좋은 결과를 얻으려면 과정을 하나하나 세분화하고 최대한 몰입해야 한다. 그러면 과정에 쏟은 노력만큼 좋은 결과가 자연스럽게 따라온다. 하지만 아쉽게도 멘탈이 약한 사람은 결과에만 초점을 맞추는 탓에 과정에서 써야 할 에너지를 걱정과 불안에 쏟아붓는다. 자신은 운과 재능이 부족해 노력해도 소용없다며 실패를 합리화한다. 결국 제자리를 맴도는 것 같은 갑갑함을 느끼며 살아간다.

그러니 실패를 똑바로 바라봐야 한다. 실패를 너무 두려워해서는 안 된다. 일기를 쓰듯 실패 경험을 기록하고 생각해보면 좋다. 실패에서 배우고 실패를 디딤돌로 삼자. 이렇게 말하는 나 역시 20대에는 숱한 실패를 겪었고, 이런 경험은 상처일 뿐이라고 생각했다. 하지만 30대 후반쯤 돼서는 실패한 경험이 지금의 나를 만들었음을 깨달았다. 수없이 실패한 덕에 더 나은 현재가 있고, 남들이 겪은 아픔에도 공감할 수 있게 됐다. 코칭에서 말하는 실패는 그 경험에서 얻은 가르침을 돌아보고 다음 방향을 정하게 돕는다. "다음에는 어떻게 해볼래?", "과거로 돌아간다면 어떻게 할래?" 스스로 이렇게 묻는 것이다. 그러면 자기 나름대로 새로운 방법이 나온다. 기회가 새로 주어진다면 어떻게 할지 생각하고 지금 바로 실천해보자.

마인드셋,
삶을 대하는 자세

'마인드셋Mindset'이라는 개념을 창시한 스탠퍼드대학교 심리학과 교수 캐롤 드웩은 학생들을 대상으로 마인드셋이 자신감과 동기에 미치는 영향을 연구했다. 이 연구에 따르면 누군가는 지능과 재능이 고정된 힘이기에 바꿀 수 없다고 믿는다. 그래서 자기 능력도 믿지 못한다. 다른 누군가는 자신의 지능과 재능이 발전할 수 있다고 믿으며 점점 더 나아지기 위해 노력한다. 이렇게 서로 다른 마인드셋을 각각 '고정 마인드셋'과 '성장 마인드셋'이라고 한다.

마인드셋은 개인의 성취와 만족감, 학습과 성장, 스트레스 대처, 자기개념 발전 등에 긍정적인 영향을 미친다. 한편으로는 우리 인생 전반을 이끌어가는 나침반 역할도 해준다. 고객을 대하는 전문가이자 나 자신을 대하는 심리코치로서 내게 중요한 기준점도 바로 이 마인드셋이다.

고정 마인드셋과 성장 마인드셋을 지닌 두 부모 유형이 있다고 가정해보자. 그리고 그들의 아이가 학교에서 90점짜리 성적표를 받아왔을 때 각각 어떤 반응을 보일지 살펴보

자. 고정 마인드셋 부모는 "조금만 더 하면 100점도 받을 수 있잖아"라거나 "옆집 아이는 100점을 받았다더라" 같은 반응을 보인다. 이때 아이가 90점을 받을 때까지 기울인 노력과 투자한 시간은 와르르 무너진다. 아이는 '나는 부족한 사람이구나' 하는 나쁜 인식을 품게 된다. 이렇게 되면 아이는 자연히 움츠러들고 자존감이 떨어져 삶을 이끌어갈 동력을 잃어버린다. 이런 경험은 아이가 새로운 도전에 나서거나 다음 단계로 성장하기 어렵게 만든다.

반면 성장 마인드셋 부모는 정반대 태도를 보여준다. "그렇게 열심히 하더니 90점이나 받아왔네. 정말 고생했어!"라고 말이다. 그 순간 아이는 '내가 굉장히 잘한 기분인데', '노력했더니 좋은 결과도 얻고 칭찬도 받네. 다음에도 도전해봐야지'하고 과정에 의미를 두며 노력을 이어간다. 노력에 대한 지지와 응원이 아이에게 동기를 부여해 다음 단계로 나아가게 만드는 것이다.

성과에 대한 예시에서 두드러지듯, 두 부모 유형은 실패를 대할 때도 극명하게 구분된다. 똑같은 실수나 실패를 겪었을 때 성장 마인드셋 부모는 "괜찮아, 그럴 수 있어"라고 먼저 나서서 이야기한다. 그리고 "지금 실패하고 느낀 점은 뭐니?"라고 대화를 나누며 아이의 이야기를 들어준다. 그러면 아이는 실패를 두려워하기보다는 이를 통해 뭔가 배웠다고 느낀다. 그러면 실패를 토대로 더 발전할 수 있다.

성장 마인드셋 양육 과정에서는 종종 칭찬을 활용하게 된다. 그러나 칭찬도 잘못 쓰면 부정적인 영향을 끼칠 수 있다는 점을 간과해서는 안 된다. 칭찬의 진정한 의미는 '과정'을 강조하는 데 있다. 그러나 때로는 이를 잘못 이해해 결과에만 치중하는 부작용을 빚기도 한다.

고정 마인드셋을 가졌다면 실패 자체를 너무 두려워해 아예 다음 시도조차 못 하거나 완벽주의라는 허상에 빠진다. 그 누가 어떤 일을 하건 실패를 겪지 않을 수는 없다. 중요한 점은 그렇게 실패하는 순간 역시 과정일 뿐이라는 사실이다. 실패를 인정하기가 두려워 중간에 포기하고 멀리 피해 갈 것인지, 두려워하지 않고 자연스럽게 앞으로 나아갈지는 자기 자신만이 선택할 수 있다.

환경을 탓하지 마라, 선택은 당신 몫이다

고객들을 코칭하다 보면 종종 가정환경이 열악하거나 부모가 정서적으로 지원해주지 않아서 성장 마인드셋을 갖지 못했다고 토로하는 경우가 있다. 타고난 배경이나 어린 시절은 본인이 선택할 수 없기에 환경을 탓하게 될 수도 있다. 그런데 다시 생각해보자. 물론 어떤 환경에서 자랐는지는 개인의 무의식에 남을 수 있다. 하지만 이미 성인으로 성장했다면 선택에 따른 문제가 된다.

이제 부모라는 울타리를 핑계 삼을 때가 아니다. 어떤 마인드셋으로 살아갈지는 온전히 본인 책임이기 때문이다. 학습하고 자기계발하며 변화를 위해 다양한 방법을 시도하다 보면 결국 변화가 일어난다. 그 과정에서 얻게 되는 질 좋고 수많은 정보는 더 나은 선택을 내리게끔 이끌어준다. 삶은 결국 자신의 결정과 책임, 선택을 통해 만들어진다.

코칭 심리는 이렇게 인생의 여정 곳곳에서 마주치는 상황 속에 올바른 선택을 내리게끔 도와주는 작업이기도 하다. 어린 시절 부모님이 성장 마인드셋과 고정 마인드셋 중 어떤 소양을 키워줬는지는 이제 잊자. 앞으로 살아갈 날을 위해 자기 자신에게 어떤 마인드셋을 키워줄 것인지는 100퍼센트 스스로에게 달렸다. 앞으로 들려줄 다양한 정보와 노하우를 통해, 실패하는 경험도 성장할 기회로 바꿀 줄 아는 강한 멘탈을 갖추자. 그 곁에는 가장 훌륭한 심리코치인 당신 스스로가 함께할 것이다.

- '가치'는 삶을 이끄는 방향, '잠재력'은 변화를 일으키는 동력이다.

- 많은 사람이 '삶의 가치'를 생각하지 않는다. 당신은 어떤가?

- 현실과 미래 사이에서 괴리를 찾아내고, 목표를 명확히 하자.

- 위대한 업적을 만드는 힘은 재능이 아니라 끈질긴 노력이다.

- '작은 성공'을 되풀이하며 큰 목표를 쫓아갈 원동력으로 삼자.

- 지금 현재와 주어진 상황에 온몸으로, 온 힘으로 몰입하자.

- '긍정 정서'란 좋은 경험과 상태를 계속 떠올리고 키우는 습관이다.

- '이기는 멘탈'을 가진 사람은 패배와 실패에서 더 많이 배운다.

- 어떤 마인드셋으로 살아갈지는 결국 본인의 선택이자 책임이다.

3
Part

삶의 무기가 되는
멘탈코칭 1단계:
자기 파악

"신기하게도 12살에 정그린 코치님을 처음 만났을 때부터 편안한 마음으로 깊은 이야기를 꺼낼 수 있었다. 커가면서 스스로 생각하는 능력을 길렀고, 꾸준히 코칭받으면서 주관이 점점 뚜렷해졌다. 불안했던 일상과 감정도 편안하고 평온해졌다. 10점 만점에 12점이다!"

신유빈 선수

대한민국 탁구 역대 최연소 국가대표

1

'감정'을 알아야
행동이 변한다

지금까지 '이기는 멘탈'이란 무엇인지, 그런 멘탈은 어떻게 만들어지는지 이론을 통해 알아봤다. 이제는 본격적으로 실전에 들어갈 차례다. '삶의 무기가 되는 멘탈코칭'은 크게 4단계로 이뤄진다.

1단계는 '자기 파악'이다. 자기 자신을 알아야 나아갈 길을 정할 수 있다. 여기서는 자신의 감정과 강점을 파악하는 법을 배우고, 삶을 이끌어가는 이정표인 '가치'를 찾아볼 것이다.

2단계는 '목표 설정'이다. 목표는 '상위목표'와 '하위목표'로 나눠진다. 큰 결이라고 할 수 있는 상위목표를 세우려면 '가치'를 알아야 하고, 상위목표를 이루려면 수없이 많은 하위목표를 쌓아야 한다.

3단계는 '행동 변화'다. 목표를 설정하고 계획을 세웠다면 행동을 바꿔 차근차근 실천해야 한다. 이를 위해서는 철저하고 세세한 계획, 꾸준한 추진력을 줄 꼼꼼한 기록, 마지막으로 자기 자신이 누구인지 그려가는 '자기객관화'가 필요하다.

마지막 4단계는 '습관화'다. '이기는 멘탈'을 만드는 프로그램을 3단계까지 무사히 마쳤다면, 이제 그 모든 과정을 몸에 밴 습관으로 만들어야 한다. 한 번 좋은 습관을 들이면 다른 좋은 습관으로 끊임없이 이어지며, 이는 멘탈을 더욱 강하게 만든다. 여기에는 꾸준한 '이미지 트레이닝'과 일상을 되돌아보는 '감사 일기', 잘한 점은 더 잘하고 못한 점은 나아지게끔 돕는 '피드백'이 필요하다.

이제 1단계 자기 파악, 그중에서도 감정 파악부터 시작해보자. 감정은 우리 인생에서 매우 중요한 역할을 한다. 아무

삶의 무기가 되는 멘탈코칭 4단계			
자기 파악	목표 설정	행동 변화	습관화
1단계	2단계	3단계	4단계

리 능력이 뛰어나도 순간의 감정을 제어하지 못해 일을 그르치는 경우가 생긴다. 묻지 마 범죄, 층간소음으로 인한 갈등, 좌절을 이기지 못해 벌어지는 자살 등은 알고 보면 자기 감정을 몰라서 생기는 참사다. 감정이 소용돌이치면 평소와 다르게 극단적인 선택으로 떠밀린다. 반면에 어렵고 힘든 상황에서 감정을 잘 조절해 위기를 기회로 만들 수도 있다. 다가오는 상황을 어떻게 받아들일지는 마음, 즉 감정이 결정한다. 그리고 감정을 어떻게 활용할지는 각자가 내리는 선택에 달렸다.

자기가 지금 어떤 감정을 느끼는지 모른다면 폭풍우 속에 갇힌 꼴이다. 화가 난 줄 알았는데 사실은 부끄러움을 숨기려는 반작용일 수도 있다. 자기가 생각하는 감정과 실제 감정이 다를 때가 종종 생긴다.

그래서 자신의 진짜 감정을 알고, 어떤 상황에서 그런 감정을 느끼는지 살펴보고, 자기가 감정을 어떻게 표출하는지 알아야 한다. 그러면 감정을 제어할 수 있다. 알면 대응할 수 있지만, 모르면 대응할 수 없다.

감정의
가면을 벗겨라

감정은 인류가 탄생한 이래 생존하는 데 매우 중요한 역할을 했다. 감정은 직관적으로 자신에게 유용하고 필요한 걸 원한다. 감정은 불필요하거나 위험한 것을 피해 자신을 보호하는 역할도 하며, 세상에서 살아남고자 전략적으로 발전해 왔다. 그러다 인류가 점차 감정을 섬세하게 발전시키고 사용하는 방법을 알게 되면서 감정을 꾸며내는 단계까지 이르렀다.

아기들은 울고 웃는다. 때로는 평온하다. 감정이 있는 그대로 얼굴에 드러난다. 그러나 감정 사용법을 너무 많이 알아버린 어른은 싫더라도 웃어넘겨야 하는 상황, 감정을 감취야 하는 상황과 자주 마주친다. 물론 이 역시 살아남기 위한 전략이기도 하다. 그러나 여기에는 크나큰 함정이 있다. 감정을 숨기다 보면 어느 순간 진짜 감정이 뭔지, 뭘 원하는지 알 수 없게 된다.

사람들은 대부분 실제 감정은 불행하더라도 타인에게 비치는 모습만큼은 행복하길 원한다. 이런 불일치에서 생기는 괴리는 거짓이 진실이라고 믿는 울타리에 우리를 가둔다. 이런 상황은 현실과 이상 사이에서 격차를 만들어내고 불안을 조장한다.

이제는 애써 포장하지 말고 자기가 느끼는 감정과 직면하자. 자기 감정과 직면하는 일이야말로 감정에 제자리를 찾아주고 안정시키는 출발점이다.

마음 하나
바꿨을 뿐인데

우리 마음속에는 항상 수많은 감정이 뒤섞여 있다. 마음속 감정들을 파악하고 다스리면 여유가 생기고, 그만큼 이

성적으로 생각할 여지가 생긴다. 예를 들어 급한 일로 차 열 쇠를 찾는 상황이라고 가정해보자. 그런데 방이 마구 어질러져 있다. 당장 나가야 하는데 물건들은 뒤섞여 있고, 차 열쇠를 어디에 뒀는지 전혀 생각나지 않는다. 마음은 점점 조급해지고 짜증마저 치밀어오른다. 이런 상태에서는 부정적인 경험과 감정 탓에 전반적인 삶의 질이 떨어진다.

반대로 방이 가지런히 정리돼 있으면 언제든 필요할 때 원하는 물건을 집어 들기만 하면 된다. 조급할 필요도, 짜증날 일도 없다. 물건을 쓴 후에 다시 제자리에 가져다 놓으면 그만이다.

우리는 하루 24시간 사이에도 수많은 감정에 노출된다. 그 감정들을 정리하거나 해소하지 않고 놔둔다면 온갖 물건과 쓰레기가 가득 찬 방에서 사는 것이나 마찬가지다. 감정을 잘 정리하기 위해서라도 감정 파악은 필수다. 자기가 정말 원하는 게 무엇인지, 거기서 느껴지는 감정은 무엇인지, 불필요하게 다가오는 감정은 무엇인지 정리하는 게 곧 감정을 해소하는 작업이다. 정리하고 해소하면 방에는 전보다 훨씬 여유가 생기고 공간 활용도도 높아진다.

우리 몸에만 유연성이 있는 게 아니다. 감정과 생각에도 유연성이 있다. 이 유연성은 어떻게 하느냐에 따라 얼마든지 바꿀 수 있다. 변화를 잘 일으키는 사람들은 유연한 감정과 생각으로 삶을 바꿀 수 있다고 믿는다. 의식의 유연성을 높이려면 이성과 감정이 어우러져야 한다. 감정과 이성이 조화를 이룰 때 제대로 된 판단과 결정을 내릴 수 있다. 경험도 마찬가지다. 살아가면서 원하는 경험만 쌓을 수는 없다. 사회문화적으로 제약되는 것도 많기 때문이다. 하지만 어떤 경험을 하든, 그 경험을 대하는 태도는 스스로 선택할 수 있다. 어떤 경험을 하느냐도 중요하지만, 어떤 감정으로 그 경험을 대하느냐가 훨씬 더 중요하다.

나 역시 운동의 중요성을 알면서도 온전히 좋아서 한다기보다는 해야만 하는 일로 여긴 시절이 있었다. 그러다 보니 운동을 시작하더라도 잘해야 3개월 이상 이어가기가 쉽지 않았다. 하지만 점차 운동에 심취해 몸에 변화가 생기고 운동 그 자체에서 즐거움과 성취감을 느끼기 시작하자 결과가 완전히 달라졌다. 운동의 중요성만 알던 데서 '즐거움'과 '성취감'이라는 좋은 감정이 더해진 것이다.

감정에는 이성보다 훨씬 앞서서 무의식적으로 행동을 끌어내는 힘이 있다. 즐거움과 성취감을 느끼자 3개월이 아니라 아주 오랜 기간 운동할 수 있게 됐다. 무언가를 경험할 때 자신의 감정을 파악하고 그 경험과 감정을 연결하는 일은 매우 중요하다. 감정 파악은 또 어떤 도움을 줄까?

① 자기에게 어떤 감정이 습관화됐는지 알 수 있다.
② 자신의 진정한 성향을 파악할 수 있다.
③ 상대방의 감정을 잘 이해할 수 있다.

감정을
직시하라

많은 사람이 이런저런 요인으로 자신의 감정을 무시하곤 한다. 어떤 사건을 들여다볼 때도 문제를 어떻게 해결할지는 많이 생각하지만, 그 전에 자신의 감정이 어떤지 파악하거나 들여다보는 시간은 갖지 않는다. 그러다 보니 제때 정리하지 못한 감정이 계속 요동치고, 이는 다시 불안이라는 감정을 키운다.

그런데 불안은 무시하거나 외면할수록 더욱 커진다. 그

리고 사람들은 이렇게 잔뜩 커진 불안과 싸워서 억지로 없애려고 한다. 이런 감정은 싸워서 이겨내려고 하기 전에, 우선 냉정히 바라봐야 한다. '난 불안하지 않아!', '난 할 수 있어!'라고 생각하며 부정적인 감정을 무조건 밀어내거나 없애려 하기보다는 먼저 있는 그대로 인정해야 한다.

사실 불안이라는 감정은 자기 자신이다. 따라서 감정으로 표현된 자신을 이기려 들거나 무시하면 오히려 더 힘들어진다. 화가 나거나 속상할 때 누군가가 '많이 힘들었구나' 하고 위로해주면 마음이 가라앉는다. 감정도 마찬가지다. '왜 그런 일로 불안해하는 거야. 더 열심히 해야지!'라고 다그치면 '나는 아직도 부족하구나'라는 생각이 들고 불안감이 더욱 커진다.

이처럼 불안한 감정은 용수철과 같아서 누르면 잠시 움츠러드는 것 같지만 잠시라도 한눈을 팔면 팡! 하고 튀어 올라버린다. 불안이라는 감정도 억누르기보다는 '내가 지금 불안한 상태구나' 또는 '지금 내 마음이 조급한 것 같아'라고 생각하며 잠시 명상하듯이 그대로 받아들이자. 몇 분 동안이라도 자기가 왜 불안한지 차근차근 생각해보는 시간을 갖자.

행복을 부르는
감정 나누기

물질적 풍요와 행복의 상관관계를 다루는 다양한 연구가 이뤄지고 있다. 행복이야말로 감정의 최상위에 있는 항목이다. 사람들 대부분은 물질적으로 안정될수록 더 큰 행복을 느끼리라고 생각한다.

그런데 막상 살펴보니 잘사는 나라보다 못사는 나라의 행복 지수가 더 높다는 연구 결과가 나왔고, 학자들은 혼란에 빠졌다. 물론 물질은 살아가는 데 중요한 역할을 한다. 하지만 많은 연구 결과 물질적 풍요가 일정 수준을 넘어서면 행복 지수와 상관이 없어진다는 사실이 드러났다.

이스라엘은 GDP가 매우 낮은 나라다. 그런데도 행복 지수가 아주 높게 나온다. 어떤 점이 이런 결과를 불러왔을까? 이스라엘 사람들의 생활 습관에서 해답을 찾을 수 있다. 이스라엘은 공동체로 생활하는 나라다. 사회가 대가족 중심으로 돌아간다. 하지만 그 안에서도 개인 간 존중은 확실하다. 이런 문화를 지녔다는 게 핵심이다. 서로 어우러져 돕고 살아가는 가운데서도 개인의 인격은 철저히 보장되고 존중받는다.

이스라엘 아이들은 나이와 경험이 많은 노인에게서 지혜를 얻는다. 저녁 식사는 항상 가족과 함께하며 일과에 대해 많은 이야기를 나누고 토론한다. 감정과 일과를 되짚어보며 서로를 이해하고 받아들이고 소통한다.

그러나 삶의 질이 행복만 따라서 정해지지는 않는다. 앞으로 무슨 일을 하고 싶은지, 그 일을 위해 어떤 에너지를 충전하고 목표를 세워나갈지도 관건이다.

마음의 솔직한
목소리를 들어라

모두가 자기만의 목표에 따라 성공을 이루길 원한다. 그러나 그러기 쉽지 않은 이유는 변화를 피하고 늘 반복한 행동만 또 하려고 들기 때문이다. 인간은 유전적으로 새로운 것보다 익숙한 것에 따르려는 관성이 강하다. 몸에 밴 나쁜 습관들이 대표적인 예다. 내일 아침만큼은 일찍 일어나 새로운 마음가짐으로 운동이나 명상을 하며 하루를 시작하길 원하지만, 현실에서는 '조금만 더 자자' 하는 유혹에 지고 만다. 이렇듯 '생각'이 좀처럼 변하지 않는 건 생각 아래 묵직하게 자리 잡은 '감정'이라는 녀석이 우리를 끌어당기기 때문이다.

만약 당신도 이런 행동을 반복하고 있다면 무엇보다 감정을 세심하게 살펴보자. 이전에 갖고 있던 감정으로 새로운 행동을 유발하기는 쉽지 않다. 누구에게나 호기심과 설렘, 인정과 기대감이 필요하다. 이럴 땐 내면으로 여행을 떠나보자. 이 순간 삶에서 가장 소중한 게 뭔지 발견하는 과정이다. 지금 바꾸지 않는다면 내일도, 다음 주도 그저 그렇게 지나갈 것이다. 이제는 자기 자신의 심리코치가 되자. 아래에 있는 질문들을 스스로에게 던져보고, 자신이 어떤 대답을 하는지 귀를 기울여보자. 이 과정에서 자기만의 강점을 발견하길 바란다. 당신을 위한 해답은 당신 안에 있다.

- 지금 느끼는 감정은 어떤가요?
- 지금 가장 원하는 건 무엇인가요?
- 목표를 향해 한 걸음 내딛는다면 가장 먼저 무엇을 할 건가요?
- 지금까지 생각하지 못한 새로운 방법이 있다면 무엇일까요?
- 당신에게 '나다운' 건 무엇인가요?

- 당신을 동물에 비유한다면, 그 동물의 이미지는 어떤가요?

- 힘든 순간을 이겨내는 당신만의 철학은 무엇인가요?

- 당신에게 가장 큰 영향을 준 가치관은 무엇인가요?

- 당신이 이미 알고 있지만 시도하지 않은 일은 무엇인가요?

- 노력해서 어려움을 극복한 경험이 있나요?

- 삶에 도움이 되는 습관을 만든 경험을 떠올려보세요.

- 당신은 어떤 사람들과 나누는 관계에서 힘을 얻나요?

- 활용할 수 있는 당신만의 자원은 무엇인가요?

- 원하는 삶을 살게 해줄 당신만의 강점은 무엇인가요?

- 당신의 강점을 끝까지 펼친다면 어디까지 갈 수 있나요?

아래 사이트를 참고해 자기 성격을 진단해봐도 좋다.

카카오 같이가치 Big 5 성격검사

감정 일기 쓰는 법

'감정 일기'는 어떤 경험 자체가 아니라 '그 경험이나 사건에서 일어난 감정 상태'를 기록하는 것이다. 사람들은 경험이나 사건은 잘 이야기하지만, 그 상황에서 느낀 감정이 어땠는지는 잘 표현하지 못하는 경우가 많다. 감정 상태를 인지하지 못하면 지금 겪는 근본적인 문제를 해결하거나 앞으로 나아가는 데 장애물이 되기도 한다. 감정을 알아차리는 일은 자기 자신에게 관심을 가지고 귀를 기울이는 과정이다.

오늘 생긴 일 중에서 가장 기억에 남는 사건을 적고, 그 사건을 겪으면서 마음속에 생긴 감정이 뭔지 기록한다. 왜 그런 감정이 생겼는지 적는 것도 중요하다. 사건, 감정, 생각을 순서대로 적고 이에 따른 행동과 결과도 적어본다.

> 사건: 오늘 회사에서 상사에게 인사했는데, 상사가 나를 무시하고 지나갔다.
> 감정: 순간 화가 나고 불쾌했다.

이런 감정에는 여러 생각이 따를 수 있다. '내가 한 일을 인정받지 못하고 있나?', '승진에 영향이 있진 않을까?', '저 상사는 나를 싫어하나 봐.', '다른 사람들도 나를 싫어하는 게 아닐까?' 중요한 프로젝트를 앞두고 불안한 마음 탓에 잠시 예민했을 수도 있고, 밝게 인사했는데 무시당한 것 같아 억울하다는 생각이 들 수도 있다. 이런 생각이 드는 원인은 아주 다양하다. 이 원인들을 정리하다 보면 그저 지나친 생각이었음을 알고 감정을 차분하게 정리할 수 있다.

순간 든 생각에 뒤따르는 행동과 결과는 어떨까? 오히려 본인에게 더욱 해가 되는 결과로 이어질 수도 있다. 일에 집중하지 못해서 중요한 부분을 놓친다거나, 폭식해서 다이어트를 망치는 식이다. 작은 사건이었을 뿐인데도 뒤따르는 행동과 결과가 일으키는 파장은 커질 수 있다. 감정 일기를 쓰면 감정의 흐름을 볼 수 있고, 자신의 생활양식이나 사건을 다루는 태도를 넓은 범주로 돌아보며 파악할 수 있다. 감정과 자기 자신을 파악하는 일은 본인을 객관적으로 돌아보고 더 나은 방향으로 나아갈 계획을 세우게 돕는다.

요즘엔 다양한 경로로 쉽게 쓸 수 있는 도구가 많다. 실제 코칭에서도 고객들에게 SNS 비공개 계정으로 일기나 기록을 남겨보라고 권하기도 한다. 그때그때 스마트폰 메모장에 적어보기를 추천하기도 한다. 감정은 행동을 유발한다. 아침에 운동하러 나가서 뿌듯한 감정과 성취감을 끌어내면 다음에도 똑같이 행동할 확률이 높아진다. 그런 감정에 영향을 받아 내일도 이어갈 의욕이 생긴다.

우리는 어릴 적에 일기 쓰는 숙제를 받고 선생님께 검사받았다. 그렇다 보니 평소에도 일기를 쓸 때 남의 평가를 의식하고 내용을 꾸민다. 솔직하게 쓰기 어렵다. 감정 일기도 마찬가지다. 하지만 감정을 솔직하게 쓰는 게 먼저다. 그래서 고객이 써온 감정 일기를 받아보면 항목별로 하나하나 짚으면서 물어본다. "진짜 당신 감정이 맞나요?", "여기 이 느낌은 어떤 건가요? 다시 설명해주세요." 아예 새로 적어보라고도 한다. 그러다 보면 그도 솔직하게 고백한다. "그거 제 감정이 아니었던 것 같아요."

그러니 누구도 보지 않는 감정 일기에서만큼은 자신의 감정을 온전히 들여다보고 전후 상황도 제대로 파악해보자.

2
자기만의 '강점'을
날카로운 무기로 삼아라

감정에 이은 두 번째 자기 파악 대상은 '강점'이다. 의외로 많은 사람이 자기 강점을 모른다. 그뿐만 아니라 강점을 인지할 필요성조차 느끼지 못하는 경우가 많다. 강점이란 '한 사람의 재능 및 그와 관련된 지식, 기술, 노력을 결합한 결과로, 특정 과제를 완벽에 가깝게 꾸준히 수행하는 능력'이다. 사람들은 저마다 재능을 타고나지만 이 재능을 강점으로 개발하려면 지식, 기술, 노력이 뒷받침돼야 한다. 강점이란 어떤 일을 그저 잘하는 게 아니다. 강점은 가치가 담긴 성과를 내고자 상황을 살피고 생각하며 행동하는 역량이다. 강점은 타고나는 힘이며, 발휘할 땐 마음이 편안해야 하고, 힘과 활력이 넘쳐야 한다. 이것이 학자들이 말하는 '강점의 3요소'다.

예를 들어 호기심과 적응력이 강점인 골프선수는 새로운 코스에서 경기를 치를 때 설렘과 즐거움을 느낀다. 라운딩 내내 편안하다. 또한 결과가 좋지 않더라도 뭔가 배웠다는 데 의미를 두며 경험에 대한 긍정 정서를 남긴다. 반면 호기심과 적응력이 약점인 사람은 새로운 코스에 대한 거부감과 긴장감 탓에 라운딩 과정이 편치 않을 것이다.

누구에게나 강점이 있다. 타고난 강점을 개발하려면 우선 자기 강점이 뭔지 알아야 한다. 여기에 뛰어난 객관화 능력으로 자신의 강점을 파악하고 위대한 성과를 일궈낸 선수를 소개한다. 바로 골프 황제 박인비 선수다.

준비된 챔피언 박인비,
자기객관화의 힘

박인비 선수는 자기가 어떤 사람인지 잘 안다. 직면한 과제에는 집요하게 매달린다. 경기가 아닌 취미 골프에 나가서도 동작이나 기술에서 과제가 생기면 집에서까지 밤새 연습하며 나아질 때까지 무한 반복한다. 마음에 들지 않는 부분은 끝까지 물고 늘어져 반드시 해결하고 넘어가는 습관이 몸에 뱄다. 그런가 하면 방식은 의외로 단순하다. '문제가 해결됐다. 바로 이 동작이다'라고 느끼면 곧바로 손을 놓는다. 문제를 복잡하게 꼬지 않는다. 자기 자신을 의심하지 않는다. 좋은 기술을 열 가지 배워도, 지금 상황에서 어떤 기술을 써야 할지 모르고 결정을 내리지도 못한다면 혼란에 빠져 스윙을 망치고 만다. 하지만 박인비 선수는 깊이 고민한 후 알맞은 한 가지 기술만 꺼내 쓴다. 챔피언 박인비의 강점이자, 자기객관화가 불러오는 힘이다.

자기가 뭘 잘하는지, 어떤 도구를 가졌는지 정리하고 강점을 파악하면 쓸 수 있는 도구가 그만큼 늘어난다. 그러면 이 도구를 언제 어떻게 쓸지 구상할 수 있다. 이 과정을 거치면 적재적소에서 강점을 도구처럼 꺼내 쓸 수 있다. 강점이라고 하면 남다른 능력, 잘하는 일이라고만 생각할 수 있다. 그러나 강점은 그 사람의 성격, 능력, 가치 모두를 포함하는 개념이다. '성격'은 삶을 살아가는 기본 태도다. '능력'은 하고픈 일에서 능률을 높여주는 마스터키다. '가치'란 삶을 어떤 방향으로 이끌어갈지 알려주는 이정표다. 이 모두를 포함하는 강점은 일생을 살아가는 데 아주 중요한 지표이자 자기 자신을 들여다보는 강력한 도구다.

아쉽게도 우리나라 교육은 강점을 키우는 데 집중하지 않는다. 약점을 보완하고 평균을 유지하는 데 치중한다. 만약 자녀가 잘하는 과목이 있다면 왜 그 과목을 잘하는지, 그 과목을 잘하는 게 아이에게 어떤 의미가 있는지 살펴봐야 한다. 학생들 상당수는 시험점수가 낮은 과목을 보완하는 데 열중한다. 그러나 나름대로 성과를 이룬다 해도 평균에 그치고 만다. 이 점을 간과해서는 안 된다.

강점은 처음부터 갖고 태어나는 힘이다. 강점 개발이 중요한 이유는 이미 잘하는 일인 만큼 개발하고 끌어올리기가 수월하기 때문이다. 그에 비해 약점을 개선하는 데는 많은 에너지와 시간이 필요하다. 앞서 말했듯이 약점이 치명적이지 않다면 내버려두자. 강점을 개발해 더욱 뛰어난 요소로 키우는 게 성공에 가까워지는 방법이다.

자신의 강점을
알아보는 법

강점은 가지고 태어나는 힘이라고 했다. 그렇다면 자기가 원하는 강점을 새로 개발할 수는 없는 걸까? 전문가들은 단호하게 '아니요'라고 대답한다. 강점은 어느 정도 타고나는 요소기는 하다. 하지만 여러 연구 결과 노력과 환경도 큰 영향을 끼치는 것으로 드러났다. 다시 말해 각자의 위치에서 자기가 원하는 일에 가치를 부여하고 학습하며 노력한다면 얼마든지 새로운 강점을 기를 수 있다. 일단 이 점을 기억하고, 강점 파악이 어떤 효과를 불러오는지 알아보자.

① 자기 정체성을 높여준다

강점을 파악하고 자기 정체성을 높이면 자신이 어떤 사람인지 잘 알게 된다. 강점은 성격, 능력, 가치를 포함한다. 자기 자신을 제대로 파악하면 자긍심과 자기 효능감이 올라간다. 이는 더욱 행복해지는 효과를 가져온다. 이때 자신뿐만 아니라 타인의 강점도 파악해보면 타인에 대한 이해도를 함께 높일 수 있다.

② 자존감을 높여준다

자존감이란 자신에게 어떤 가치가 있는지 알고, 자기 자신을 있는 그대로 믿는 마음이다. 자기에게 어떤 강점이 있는지 파악하는 것만으로도 자존감이 높아진다. 다만 여기서 '자존감'과 '자존심'을 혼동하지 말자. 자존감은 '있는 그대로 자기 모습을 긍정하는 것'이고, 자존심은 '경쟁 속에서 일어나는 자기 긍정'이다. 자기 강점을 인정하는 일은 자존감을 끌어올리는 동시에 정체성도 다져주는 유용한 도구다.

한편 강점을 중시한다고 약점을 경시하는 건 아니다. 약점을 명확히 아는 것도 자기 파악의 일부다. 약점을 숨기려 하지 말고 명확히 파악하자. 그래야 특정 상황에서 약점을 강점으로 신속하게 바꾸는 판단력이 좋아진다. 또 치명적인 약점이라면 방해받지 않는 수준까지는 끌어올릴 필요가 있다. 약점이라고 생각한 부분이 오히려 기회가 될 때도 있기 때문이다.

나 역시 노력한 끝에 치명적인 약점을 기회로 바꾼 경험이 있다. 나는 상담과 강의가 직업인데도 모든 역량 중에서 '언어능력'이 가장 떨어진다. 어떤 검사를 해봐도 결과가 같다. 언어능력이 평균 이하, 매우 낮은 점수로 나온다. 그런데 다른 사람들에게 내가 어때 보이는지 물어보면 언어능력이 높아 보인다고들 한다. 처음 강의를 시작할 땐 쿡 찌르면 대사가 줄줄 나올 만큼 열심히 외웠다. 항상 대본을 썼고 녹음본을 만들어서 운전하며 들었다. 읽거나 듣는 것만으로는 부족해 앵무새처럼 수백 번씩 떠들면서 정말 많이 연습했다. 선배 강사들을 보면 말도 청산유수에 표정이나 분위기도 자연스러웠다. 그렇게 되고 싶어서 무진 애썼다. 그러다 어느 순간에는 대본이나 연습 없이도 잘할 수 있게 됐다. 평균 이하였던 언어능력이 조금씩 자라났다.

이렇게 얘기해도 사람들은 반신반의한다. 핵심 능력이 평균 이하인데 어떻게 상담하고 강의하는 직업을 택했느냐고 말이다. 부족한 능력이라도 꾸준히 가다듬고 길러내면 결국엔 통한다. 처음에는 강사로서 끼도 없고 말도 못하는 내 모습에 좌절했다. 그래서 반대로 생각했다. 다른 능력은 있으니까 부족한 부분 하나만 보완하면 된다고 말이다. 그러자 자존감이 높아졌고 자기 자신을 격려하며 칭찬할 수 있었다. 강점을 파악하고 약점을 보완한 결과다.

가장 중요한 건 강점을 파악한 이후에 얼마나 잘 활용하는가다. 강점을 발휘하는 목적은 일상생활과 일에서 만족감을 느끼는 데 있다.

세계적인 골프선수 타이거 우즈 역시 전성기에도 전문가를 찾아 끊임없이 레슨을 받으며 자기만의 강점을 극대화했다. 그는 어릴 적부터 심리코치를 동반하고 경기에 임한 최초의 선수였다. 그는 자기 강점이 무엇인지 토론하고 깨달으며 하루하루 성장하기를 반복했다. 유명 토크쇼 진행자인 오프라 윈프리도 심리코치와 함께하며 균형 잡힌 삶, 스트레스 관리, 창의성 향상 등에 도움을 받았다.

강점을 활용해 행동계획을 세우고 목표 달성 가능성을 높여보자. 다음 예시와 같은 사이트를 통해 강점을 파악할 수 있다. 간단한 검사로 살펴보는 능력 중 상위 다섯 가지는 자신이 가장 잘 활용하는 강점이다. 하위 다섯 가지는 잘 활용하지 않는 약점이다. 그러나 개발되지 않은 강점이 하위 능력으로 나올 수도 있다. 그러니 평소 자신이 생각하는 강점과 그 순위를 비교·분석해보고 실제 강점에 따른 행동계획을 세워도 좋다.

VIA 성격 감정 조사

Your Top Strengths

 1 진실성(진정성, 정직성)
COURAGE
당신은 정직한 사람으로서 진실을 말할 뿐만 아니라 진실되고 진솔한 방식으로 당신의 삶을 살아간다. 당신은 견실하며 가식적이지 않다. 당신은 "진실된" 사람이다.

 2 시민의식(협동심, 충성심)
JUSTICE
당신은 한 집단의 성실한 구성원이다. 당신은 충성스럽고 헌신적인 팀원이며, 언제나 자기 몫을 해내고 집단의 성공을 위해서 열심히 일한다.

 3 공정성(공평성, 정의)
JUSTICE
모든 사람들을 공정하게 대하는 것은 당신의 중요한 원칙들 중의 하나이다. 당신은 자신의 사적인 감정으로 다른 사람들에 대한 결정을 흐리지 않는다. 당신은 모든 사람에게 기회를 준다.

 4 판단력(비판적 사고, 개방성)
WISDOM
충분히 생각하고 모든 측면에서 검토하는 것은 당신을 이루고 있는 중요한 요소이다. 당신은 성급하게 결론을 내리지 않으며 오직 확실한 증거에 따라서 결정을 내린다. 당신은 당신의 생각을 바꾸는 것이 가능하다.

 5 겸손과 겸양
TEMPERANCE
당신은 주목을 끌고 싶어하지 않으며 그보다는 당신의 업적 자체가 당신의 성과를 말해주는 것을 더 좋아한다. 당신은 자신을 특별하다고 생각하지 않으며 다른 사람들도 당신의 겸손함을 알아보고 가치있게 여긴다.

Your Lesser Strengths

 21 희망(낙관성, 미래지향주의)
TRANSCENDENCE
당신은 미래에서 최고가 되길 기대하며 그것을 성취하기 위해 노력한다. 당신은 당신이 미래를 통제할 수 있다고 믿는다.

 22 용서와 자비
TEMPERANCE
당신은 자신에게 잘못을 저지른 사람에게도 관대하며, 언제나 사람들에게 두 번의 기회를 주려한다. 당신의 신조는 복수가 아니라 자비이다.

23 용감성(용맹)
COURAGE
당신은 위협, 도전, 난관, 고통 등에 의해 위축되지 않는 용감한 사람이다. 당신은 반대에 부딪히더라도 무엇이 옳은지 분명하게 말하며, 자신의 신념에 따라 행동한다.

24 사회성(정서지능, 대인지능)
HUMANITY
당신은 다른 사람들의 동기와 감정을 민감하게 알아차린다. 당신은 각기 다른 여러 상황에서 무엇을 해야 할지 알고 있으며, 다른 사람들을 편안하게 만들어주는 방법을 알고 있다.

다섯 가지 강점과 약점 예시 (출처: VIA Institute on Character)

때로는 옆 사람이
나를 더 잘 안다

강점을 파악하는 방법 중에는 '주변인과 나누는 인터뷰'도 있다. 처음부터 혼자 힘으로 자기 장단점을 파악하기는 쉽지 않다. 장단점을 쭉 나열한 후에도 자기를 보는 평가가 객관적인지 확신하지 못하고 의심할 수도 있다. 이때는 주변 사람들에게 의견을 받는 게 큰 도움이 된다.

인터뷰는 자기에 대한 다른 사람들의 생각을 솔직하게 들어볼 기회다. 그런 점에서 객관성을 갖는다. 가장 솔직하게 평가해줄 가까운 사람들부터 시작한다. 인터뷰 집단을 가족, 친한 친구, 어색한 지인 등 다양하게 나눠 시도해보면 도움이 된다. 집단을 나눠 인터뷰하는 건 다양한 의견을 구하기 위해서다. 나와 오래 생활한 가족들은 어떻게 느끼는지, 친한 친구들은 나를 어떻게 생각하는지, 조금 거리가 있는 사람들은 또 어떻게 보는지 파악한다. 스스로 생각하는 자기 모습과 타인이 바라보는 모습이 비슷할 수도 있고, 전혀 예상하지 못한 모습을 발견할 수도 있다.

간혹 인터뷰 과정에서 상반된 의견이 나오면 자기가 이중적인 모습을 보이는 게 아닌지 고민하는 사람도 있다. 하지만 걱정하지 않아도 된다. 둘 다 자기 모습이기 때문이다. 사회에서 생활하는 모습과 친하고 편안한 사람들과 있을 때 나오는 모습은 당연히 다르다. 이 인터뷰의 핵심은 자기가 어떤 사람인지 정의하는 게 아니라, 자기가 가진 다양한 면을 파악하고 포용하는 데 있다.

3

'가치',
무엇을 위해 살아가는가

당신의 삶에는
방향이 있는가

감정에 이어 강점까지 파악했다면 이번에는 '가치'를 알아볼 차례다. 가치를 생각해보라고 하면 감정이나 강점에 비해 와닿지 않을지도 모르겠다. 가치라는 게 도대체 뭘까? 지금까지 가치에 따라 살아왔다고 하는 사람도 막상 가치가 뭔지 생각해보라고 하면 막연해지는 경우가 많다. 자기가 사는 이유나 가치를 한 번도 생각해보지 않은 사람이라면 그 자체가 어색하고 어려울 수 있다. 각자의 가치가 무엇이든, 우리는 결국 행복과 만족을 위해 살아간다. 누군가에게 이상적인 모습은 타인을 돕는 삶일 수도 있고, 화목한 가족을 꾸리는 삶일 수도 있다. 자신은 무엇을 통해 행복과 만족감을 얻는 사람인지 고민해보는 시간은 꼭 필요하다. 이기는 멘탈, 건강한 멘탈을 위해서 말이다.

가치란 단 하나로 정의되는 게 아니다. 한 사람의 인생을

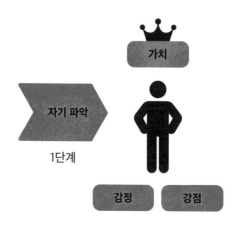

구성하는 가치는 다양하다. 그 가치들이 모여 지금의 '나'라는 사람이 만들어진다. 우리 인생은 가치가 선명하고 명확할수록 풍요로워진다. 추구하는 가치에 따라 말과 행동, 분위기는 물론 인생의 방향이 바뀐다. 나 역시 내가 추구하는 가치가 무엇인지 생각하고 적어보는 시간을 매일 갖는다. 자신의 가치를 주기적으로 살펴보면 새로운 가치가 추가되거나 기존 가치가 삭제되기도 한다.

여기서 우리가 흔히 말하는 '가치관'과 '가치'가 뭔지 알아보자. 이 둘을 명확히 정의한 사람은 드물다. '가치'란 '좋고 옳다고 느끼기에 추구하는 것'이다. 예를 들어 사랑, 자유, 평화, 평등 같은 것이다. 반면 가치관이란 '가치를 바탕으로 어떤 사물이나 현상을 바라보는 관점'이다. 무엇이 좋은지, 무엇이 옳고 그른지, 무엇이 바람직한지 판단하는 자기만의 기준이다. 예를 들어 나눔이라는 가치를 따르는 사람은 봉사활동을 떠올릴 때 '참여하고 실행하고픈 올바른 행동'이라는 가치관을 갖는다. 가치와 가치관은 세상을 어떻게 바라보며 행동할지 결정하는 밑바탕이다. 이것이 우리가 현재와 미래에 행동할 방향을 결정한다. 다음과 같이 스스로 질문하며 자기만의 가치를 찾아보자.

- 내가 태어난 이유는 무엇인가?

- 나는 어떤 의미를 갖고 살아가는가?

- 나는 무엇을 믿을 것인가?

- 나는 어떤 가치를 가졌는가?

가치가 중요한
여섯 가지 이유

사회심리학자 샬롬 슈와츠는 다양한 문화권에 속한 사람들의 가치를 조사한 결과를 토대로 '보편적 가치 이론Theory of Basic Human Values'이라는 개념을 정립했다. 그는 가치의 중요성을 여섯 가지로 설명했다.

① 가치는 정서와 밀접하게 연결된다

독립성을 중요한 가치로 여기는 사람은 독립성이 위협받는다고 느끼면 화가 난다.

② 가치는 행동할 동기를 부여한다

사회 질서나 정의, 이타적 행동을 중시하는 사람은 이런 가치를 따를 동기를 부여받는다. 실제로 그런 가치를 삶에서 실천하고자 노력하거나 사회 운동을 통해 어떤 식으로든 행동으로 표현한다.

③ 가치는 특정 행동이나 상황에 제한되지 않는다

정직이라는 가치는 직장이나 학교에서, 사업이나 정치에서, 친구나 낯선 사람을 만날 때 등 다양한 상황과 맥락에 연결된다.

④ 가치는 곧 기준이다

우리는 가치에 따라 행동, 정책, 사람, 사건 등을 선택하고 평가한다. 사람들은 무엇이 좋은지 나쁜지, 정당한지 부당한지, 할 만한지 피해야 하는지 판단할 때 자신이 소중히 여기는 가치에 따른다. 일상에서는 가치의 영향력을 잘 느끼지 못하지만, 자기 행동이나 판단이 본인이 추구하는 가치와 상충할 때 비로소 의식하게 된다.

⑤ 중요도에 따라 가치의 우선순위가 정해진다

사람들은 자신이 추구하는 가치를 각각 독립적으로 인식한다. 이로써 가치의 우선순위와 체계, 즉 가치관을 형성한다. 누군가에게는 성공이 가장 중요할 수 있고, 누군가에게는 자유나 안정감이 더 중요할 수 있다.

⑥ 가치의 상대적 중요도에 따라 모든 행동이 정해진다

어떤 행동을 하든 여러 가치에 영향을 받는다. 예를 들어 성공한 의사가 높은 지위와 안정적인 삶을 버리고 아프리카로 떠나 봉사활동을 한다고 가정해보자. 그에게는 성공과 안정적인 삶이 아니라 의미 있는 삶, 봉사와 헌신 등이 최우선 가치다.

슈와츠 박사가 제안한 10가지 기본 가치 유형과 수레바퀴 모형 속 57개 가치 항목을 살펴보자.

수레바퀴 그림을 보면 비슷한 가치들은 서로 가까이 있다. 거리가 멀어질수록 서로 다른 가치다. X축은 좌측으로 갈수록 개인적인 가치, 우측으로 갈수록 사회적인 가치다. Y축은 위쪽으로 갈수록 성장과 관련된 가치, 아래쪽으로 갈수록 유지나 보존과 관련된 가치다.

10가지 기본 가치				
자율	**자극**	**쾌락**	**권력**	**성취**
자유 창의성 프라이버시 독립 개인적 목표 호기심	신나는 인생 다채로운 인생 대범함	즐거움 즐거운 인생 사치	사회적 영향력 재산 사회적 인정 권위 사회적 품위	영향력 유능함 지능 성공 자존감 야심
박애	**보편**	**안전**	**전통**	**순응**
영적인 삶 의미 있는 삶 사랑 우정 충성 정직 도움 책임감 용서	세계평화 자연과의 조화 지혜 아름다운 세계 사회정의 관대함 환경보호 평등 내적조화	소속감 사회 질서 국가보안 보답 가족의 안전 건강 청결	전통 존중 중용 겸손 수용 헌신	공손 자기 수양 어른 공경 순종

지금 소개한 가치들은 보편적 가치다. 누구나 인정할 만한 가치들로 구성됐다. 그렇기에 본인이 추구하는 가치가 목록에 없을 수도 있다. 보편 가치 목록을 참고해 자기가 가진 가치들을 생각해보자. 충분한 시간을 두고 본인이 추구하는 가치들을 무작위로 나열하자. 그런 후 가치를 중요도

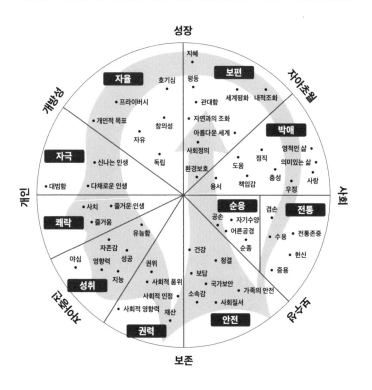

- 1 사분면: 자아초월 (보편, 박애)
- 2 사분면: 개방성 (자극, 자율)
- 3 사분면: 자아증진 (쾌락, 성취, 권력)
- 4 사분면: 보수성 (안전, 전통, 순응)

순으로 다시 배치하자. 처음에 자기만의 가치를 생각해보면 몇 가지 떠오르지 않을 것이다. 생각해본 적이 없어서 낯선 탓이다. 하지만 몇 년에 걸쳐 확인하고 연습하다 보면 가치가 점점 늘어난다. 그러면 바뀌고 늘어난 가치에 따라 삶의 균형을 위해, 가치를 실현하기 위해 조금씩 삶을 바꿔나가게 된다.

행복은 목표가
아니라 과정이다

우리 인생을 이루는 요소는 정말 많다. 삶이 양팔로 그릴 만큼 큰 원이고, 이 원을 채워나가는 과정이 인생이라고 생각해보자. 그중에서 당장 시야를 가득 채운 요소는 다시 보면 주먹 하나 정도로 작을 수도 있다. 다만 그 작은 요소가 눈앞에 놓인 탓에 인생을 좌지우지할 만큼 중요한 과제처럼 느껴지는 것이다. 그러나 그게 다가 아니라는 점을 잊지 말자. 인생이라는 큰 원은 죽을 때까지 함께할 가치들로 채워나가야 한다.

목표만 추구하는 삶을 살면 지금 누려야 할 행복을 미루게 된다. 행복은 목표가 아니라 과정이어야 한다. 어떤 사람은 100억 원을 모으면 행복해질 거라고 믿었다. 그 돈만 있으면 모든 문제가 해결되리라 생각했다. 그래서 뒤도 돌아보지 않고 열심히 일해 마침내 100억 원을 모았다. 그러나 한 가지 목표만 추구하는 건 재산을 100억 원이나 모은 사람이 다음 날 죽음을 맞이하는 꼴과 비슷하다. 이 사람은 정작 뭘 해야 하는지 모른 채 목표만을 향해 달린 것이다.

무엇이 자신을 행복하게 하는지 알아야 한다. 행복은 단순한 목표로 삼거나 미뤄도 되는 가치가 아니다. 행복이란 목표를 향해 달려가는 과정에서도 반드시 느껴야 하는 요소다. 늘 행복하려면 어떤 가치를 실현하며 살지 알아야 한다. 무엇을 해야 행복한지 고민해보자. 그러지 않으면 인생에서 추구할 동기가 없어진다. 눈앞에 있는 작은 목표만 쫓는 악순환이 계속된다.

매 순간 행복을 느끼며 살아가는 사람은 수명이 길다는 보고가 있다. 살면서 추구할 가치를 잘 아는 사람에게는 자기만의 기준이 있다. 남들이 좋다는 물건, 비싼 서비스라고 다 좋은 건 아니다. 본인이 좋다고 느끼는 게 뭔지 자기만의 기준이 있어야 한다. 그 기준을 알아가는 일부터가 가치를 파악하는 과정이다. 삶의 만족감 또한 이 기준에서 나온다. 누군가에게 1억은 만족스러운 큰돈일 수도 있고, 턱없이 부족한 푼돈일 수도 있다.

가치가 한 가지일 땐 오류에 빠질 수 있다. 여러 가치를 두고 자기 자신을 이끌어야 한다. 수많은 가치가 모여 그 사람만의 분위기를 만들어낸다. 이제 자기만의 가치를 찾는데 도움이 되는 가치 목록지를 소개한다. 여러 가치 중 자기 자신을 만들어갈 가치는 무엇인지 잘 생각해보자.

나만의 가치를 찾아가는 '가치 목록지'						
수용 (그대로 받아들임)	정확성 (내 의견과 신념에 들어맞음)	성취	모험	균형	협동	호기심
성장	신념	공평함	부지런함	비전	활력	행복
이해	진실탐구	관용	성공	지지	안정	힘
속도	즐거움	리더십	사랑	질서	독창성	신중함
탐구	평등	공감	독립	통찰	자기조절	정의
충성	직관	완벽	긍정	열정	근면	건강

출처: 《코칭심리학》 (탁진국 지음, 학지사, 2019)

비즈니스에도 가치가 필요하다

개인의 삶뿐만 아니라 업무에서도 가치 평가가 필요하다. 처음에 추구한 가치와 달리 일이 산으로 가지는 않는지, 어떤 방향으로 나아갈지 중간중간 확인해야 하기 때문이다. 이때 책임자들은 회사가 추구하는 가치를 알고 현 상태를 평가하는 과정을 꼭 거쳐야 한다. 어느 회사에나 사업을 시작하고 팀을 꾸린 목적과 취지가 있다. 목적과 취지는 자기만의 가치에서 출발하기 마련이다. 직원들을 어떻게 대할지, 어떤 복지를 마련할지 생각하는 건 모두 가치에서 비롯된다.

구글은 가치에 따라 모범적으로 운영되는 회사다. 자유롭고 도전을 즐기며 창의적인 문화를 갖고 있다. 직원들도 만족도가 높고, 가치에 걸맞은 인재들이 찾아온다. 추구하는 가치가 명확한 회사는 선순환한다. 가치라는 이상을 실현한 기업은 최고로 올라선다.

3
PART

SUMMARY

THE WINNING MENTALITY

- 이기는 멘탈을 만드는 첫 단계는 '자기 파악'이다.
- 자신의 감정과 강점을 알면 살아가며 추구할 '가치'가 보인다.
- 가치는 행복하고 의미 있는 삶으로 이끌어가는 '이정표'다.
- '즐거움'과 '성취감'을 경험과 연결해야 꾸준히 노력할 수 있다.
- 감정을 억지로 밀어내지 말고, 우선 있는 그대로 인정하자.
- 자신의 특성과 강점을 알아야 진정한 힘이 드러난다.
- 삶의 이정표, 나아갈 방향이 될 '가치'를 찾자.
- 미래와 목표만 보며 달리지 말고 현재와 과정을 즐기자.

4
part

삶의 무기가 되는
멘탈코칭 2단계:
목표 설정

"선수로서, 인간으로서 더욱 발전하고 행복해지고 싶었다. 멘탈코칭을 통해 마음속 불안과 두려움을 있는 그대로 받아들이는 법을 배웠다. 나 자신을 들여다보고 삶의 균형을 다잡는 시간이었다. 어떤 상황에서도 자신 있게 휘두를 수 있다는 믿음이 생겼다. 코칭에 임할 때마다 새 희망과 답을 찾게 된다."

리디아 고 선수

2017년 역대 최연소 LPGA 세계랭킹 1위

1

간절히 바라는
목표를 세워라

하버드 경영대학원에서 흥미로운 설문 조사가 있었다. 연구원들은 졸업생들에게 이렇게 물었다. '인생에서 꼭 이루고픈 목표가 있습니까? 목표가 있다면 구체적으로 어떤 계획을 세웠습니까?' 연구진은 답변을 토대로 졸업생들을 세 가지 유형으로 나눴다. 84퍼센트에 달하는 첫 번째 유형은 졸업 후 무엇을 하고 싶은지 구체적인 목표나 계획이 없었다. 13퍼센트를 차지한 두 번째 유형은 목표는 있지만 구체적인 계획은 세우지 않았다. 3퍼센트에 불과한 세 번째 유형은 목표를 세우고 구체적인 계획을 글로 적었다. 결과는 어땠을까? 10년 뒤 졸업생들을 추적해 조사해보니 세 번째 유형에 속한 이들은 첫 번째 및 두 번째 유형과 비교할 때 평균 연봉이 열 배나 높다는 결과가 나왔다. 이것이 목표가 지닌 힘이다.

목표를 세우고 계획할 때 간과할 수 없는 부분은, 특정 결과를 목표로 삼아서는 안 된다는 점이다. 운동선수들은 올림픽이나 세계선수권 같은 메이저 대회를 끝낸 뒤 슬럼프에 빠진다. 수험생들은 수능 시험을 마치면 동기를 잃고 무기력해진다. 올림픽 금메달, 메이저 대회 우승, 대입, 취업 등 결과만 보며 달리면 결과가 나온 후에는 삶의 목표를 잃고 만다.

20대 후반 고객이 있었다. 이 고객은 누구라도 부러워할 만한 대기업에 입사해 2년 정도 생활했다. 중요 부서에서 업무 성과도 좋았지만 만성 피로를 달고 살았다. 성과에 비해 본인의 만족도는 낮았다. 사내 인간관계에서도 어려움을 겪었다. 특히 업무에서는 늘 긴장 상태였다.

이 고객은 자신이 정말 원하는 일, 잘할 수 있는 일에 도전하는 건 포기하고 좋은 대학, 좋은 회사에 들어가겠다는 결과만 생각했다. 이후 계획 없이 눈앞에 보이는 결과만을 따라 달려온 유형이었다. 이 결과에는 아버지의 권유와 사회적 인식이 한몫했다.

그는 코칭을 통해 자기가 추구하는 가치가 뭔지, 스스로 원하는 삶의 모습은 어떤지, 업무 환경은 어때야 좋을지 고민하기 시작했다. 그 과정에서 좀 더 능동적이고 자유로운 분위기 속에 창의력을 발휘하길 바라는 마음을 되찾았다. 1년 반에 걸친 코칭 과정이 끝나갈 무렵에는 대기업을 그만두고 자기가 원하던 대로 색깔 있는 스타트업에 입사했다.

이런 사례는 코칭 현장에서 자주 나온다. 어떤 목표를 이루고 결과를 내더라도, 중요한 의미를 찾지 못하고 맹목적으로 달렸을 뿐이라면 다음 목표로 나아가기 어렵다. 진정으로 의미 있는 여정에서 목표를 이룬다면 더 발전한 모습으로 다음 목표를 세울 수 있다. 우리는 멘탈을 단련함으로써 더 발전하고 행복해지길 원한다. 앞에서 자기 파악을 끝낸 우리는 이제 '목표'가 삶에서 어떤 역할을 하는지, 또 어떻게 목표를 설정해야 하는지 알아볼 것이다.

목표를 시각화하고
온몸으로 집중하라

목표는 우리가 꾸준히 성장하게 만드는 단계별 과정이다. 사람들은 대부분 목표를 설정하는 데 익숙하다. 하지만 무엇을 위해 목표를 세우는지, 어떤 삶을 살고 싶은지는 깊이 생각해보지 않는다. 목표는 동기, 노력, 의지를 다져주는 역할을 한다. 목표가 있으면 자기가 무엇에 강하고 무엇에 약한지 파악할 수 있다. 그러면 개선할 점도 명확해진다. 분명한 목표를 가지고 하루하루 노력하며 살아간다면 끈기 있게 나아갈 열정과 동기를 얻을 수 있다.

목표를 세울 땐 직접 종이에 적어보거나 시각 자료를 만드는 것도 중요하다. 계획을 정형화하고, 해야 할 일이 무엇인지 시각 효과를 더하면 마음가짐을 다지는 데 큰 도움이 된다. 뇌과학자들은 눈이 '제2의 뇌'라고 말한다. 우리가 어떤 사물을 집중해서 바라보는 순간, 그 사물에만 초점이 맞춰지고 주위는 잘 보이지 않는 현상이 일어난다. 카메라 렌즈가 눈의 원리를 바탕으로 만들어졌음을 떠올리면 이해하기가 쉬울 것이다. 카메라로 꽃송이에 초점을 맞춰 사진을

찍으면 꽃은 선명하게 나오지만 주변 배경은 흐리게 처리된다. 책을 읽을 때도 한쪽 전체를 들여다보기는 하지만 눈은 지금 읽는 한 줄에 초점을 맞춰 움직인다. 그래서 주변에 있는 다른 줄은 흐리게 보인다. 시각이 조정을 거쳐 특정 대상에 집중하기 때문에 나타나는 현상이다.

높이뛰기 선수는 넘어야 할 지점을 집중해서 바라봐야 한다. 달리기 선수는 결승점을 집중해서 바라봐야 한다. 골프 선수는 공이 어디로 떨어질지 목표 지점을 바라봐야 한다. 목표물을 가만히 바라보면 자연스레 집중하게 된다.

시각으로 목표물을 인식하면 우리 뇌는 곧바로 정보처리를 시작한다. 목표물과 나 사이 거리가 어느 정도인지 가늠하고, 어떤 자세와 방법으로 목표물에 가까워질지 계산하며 집중한다. '보상 호르몬'이라는 별명을 가진 도파민이 이를 돕는다. 우리는 즐거움과 만족감을 느끼기 위해 목표물에 온전히 집중한다. 이는 결과가 아니라 과정에 집중하는 것으로, 능력을 최대한 끌어올리는 작업이다.

사람들은 대부분 어떤 일을 할 때 마음가짐이 먼저라고 생각한다. 하지만 이와 반대로 일단 행동한 뒤 마음가짐을 맞추기도 한다. 이를 '행동 코칭'이라고 한다. 목표에 집중하는 '시각 활용'은 몰입감을 높여주는 좋은 행동 코칭이다. 목표를 생각만 하는 사람과 비교할 때, 자료를 만들어 매일 들여다보는 사람은 훨씬 깊이 집중하며 목표를 머릿속에 각인한다. 이런 자료는 세세한 행동계획을 세우는 데도 쓸모가 있다. 이미 잘 짜인 로드맵이 있으니 피드백도 더 자세하고 빠르게 할 수 있다. 좋은 피드백은 판단능력을 높여준다.

어떤 목표를
어떻게 세울 것인가

누구나 목표를 세우고 계획을 짠 경험이 있을 것이다. 하지만 계획을 실천하고 목표를 이루기란 매우 어려운 일이다. 목표를 달성하기는 왜 그렇게 어려울까? 의지가 부족하기 때문일까? 그럴 수도 있겠지만, 목표 달성에 실패하는 진짜 이유는 '우선순위'가 모호하고 '명확성'이 떨어지기 때문이다.

목표를 정하다 보면 여러 세부 목표가 합쳐져 한 가지 큰목표가 된다. 가령 세계 최고의 야구선수가 되고 싶다면 여러 훈련 목표가 생긴다. 목표를 정하고 계획대로 실천하는 초기에는 열정적으로 달려들 것이다. 하지만 목표의 명확성과 계획의 우선순위가 흐릿하다면 쉽게 지치고 의지를 잃어버린다. 그렇다면 어떻게 해야 명확한 목표를 세우고 계획에서 우선순위를 정할 수 있을까?

구체적인 목표를 세우려면 우선 자기 관찰이 중요하다. 자기가 뭘 잘하는지, 뭘 좋아하는지, 활동 반경은 어느 정도인지 상세히 파악한다. 앞서 다룬 감정·강점·가치 탐색이 여기에 해당한다. 자기 자신을 객관적으로 파악할수록 구체적이고 실현할 만한 목표를 세울 수 있다.

앞에서 찾아본 가치를 가지고 '우선순위'를 먼저 정하자. 가치 탐색 단계에서 나열한 가치들을 가져온다. 가령 보편적 가치 이론에 따라 자존감, 건강, 사회적 영향력을 가치로 삼았다고 하자. 먼저 가치에 따라 하고 싶은 일을 정한다. 그다음 실현할 수 있는 일들로 간추린다. 아이디어를 낼 땐 머릿속에 떠오르는 족족 단순하게 작성하는 게 좋다. 이런 방식은 앞으로 펼쳐 나갈 활동 범위를 넓히고 잠재력을 끌어올린다. 마지막으로 나열한 일들을 살피고 우선순위에 따라 번호를 매겨 본다.

'명확성'을 높이려면 최대한 구체적인 목표를 세워야 한다. 우선순위에 따른 행동계획이 구체적인 목표로 이어진다. 이때 자세한 행동계획을 세워야 목표까지 다다를 힘이 생긴다. 예를 들어 이번 주 목표가 '금요일에 있을 발표 준비'라면 아래와 같이 행동계획을 세운다.

① 매일 저녁 8시~10시는 발표를 준비하는 시간으로 쓴다.
② 월요일부터 수요일까지는 자료를 준비하고 발표 방법을 연구한다.
③ 목요일부터 금요일까지는 발표 자료를 만든다.
④ 주말에는 발표 내용을 피드백한다.

그동안 이루지 못하고 중도에 포기한 목표가 있다면 너무 모호하고 큰 목표는 아니었는지, 우선순위 아래쪽에 놓인 목표는 아니었는지 다시 생각해보자.

한 가지 목표에만
목매지 마라

이번에는 '목표'와 '가치'의 관계를 살펴보자. 목표와 가치의 차이를 아는 사람도 드물다. 살면서 이뤄야 할 과제라고 똑같이 여기는 경우가 대부분이다. 가장 바람직한 목표 설정은 한 가지 목표를 이룬 직후 다음 목표가 이어지는 것이다.

한 가지 목표만 강력하게 세워두면 그 목표를 이뤘을 때 모든 게 끝난 느낌이 든다. 이럴 때 허탈함과 슬럼프가 찾아온다. 우리나라 학생들은 입시라는 한 가지 목표만 보며 공부한다. 하지만 높은 등급과 좋은 대학이 인생의 전부는 아니다. 대학 외에 인생에서 원하는 바와 그 의미를 고민해보면 좋겠다. 우리나라 학생들에겐 이런 문제를 생각할 기회가 없다. 어릴 때부터 인생의 목표와 의미 있는 가치를 찾으면 자연스레 그 일에 깊이 빠져들고 풍요로운 인생을 살 수 있다.

취업준비생도 마찬가지다. 이들 대부분은 어떤 역량이 필요해서가 아니라 단순히 대기업에 들어가려고 모든 걸 건다. 살면서 어떤 일을 하고 싶은지, 그 일에 무슨 의미를 둘지 생각해야 한다. 당장 의미 있고 마음에 드는 직장에 들어가지 못하더라도, 일하는 과정에서 뭘 배우고 얻을지 고민해야 한다. 어떤 능력을 키워 자기 가치를 살릴지 생각해보자. 그러지 않으면 목표를 이룬 뒤에 찾아오는 허탈함과 마주하게 된다.

우리는 한 가지 목표만 추구하는 삶을 경계해야 한다. 목표 하나가 인생을 아우를 수는 없다. 당장 보기에 어느 한 가치가 중요하고 커 보일 수도 있다. 하지만 그 역시 앞으로 마주할 수많은 가치 중 하나일 뿐임을 기억해야 한다.

'오늘 하루 즐겁게 살 거야'처럼 단순하지만 소중한 가치가 있다면, 그 가치를 꾸준히 지키며 삶이라는 긴 경주를 이어가자. '가치'는 삶의 이정표이자 신념이다. '목표'는 가치 있는 삶을 위한 정거장이자 행동 방침이다. 가치는 'why', 목표는 'what'으로 정리할 수 있다. 가치는 '왜' 성취해야 하는가, 목표는 '무엇'을 성취하는가가 문제다. 가치와 목표라는 두 문제에 스스로 답해보자.

목표는 그 자체로 수치화, 계량화된다. 가시적인 측면이 강하다 보니 목표에 눈이 머는 경우가 많다. 하지만 우리는 그 너머를 생각해야 한다. 목표는 거쳐 가는 계단이자 궁극적인 가치를 따르기 위한 수단일 뿐임을 잊지 말아야 한다. 이 사실을 놓치는 순간 목표를 향해 돌진하는 경주마가 되고 만다. 목표를 달성해서 진정으로 얻는 게 뭔지, 자기가 진짜 바라는 가치가 뭔지 깨닫고 올바른 방향으로 나아가야 한다.

2

나만의 가치를 담은
'상위목표'를 세워라

우리 목표는 '상위목표'와 '하위목표'로 나뉜다. 상위목표
는 쉽게 말해 '미래에 대한 상상'이다. 인생에서 끝내 되고 싶
은 모습을 상상해보자. 그 모습이 바로 당신의 상위목표다.

상위목표는 가치가 포함된 목표다. 인생을 살면서 원하
는 게 뭔지 정하는 것이다. 10년 후, 20년 후를 상상해보자.
가고픈 목적지가 어디인지 정하면 거쳐야 할 작은 단계들도
명확해진다. 상위목표를 세우면 굳건한 결의를 다지는 데

필요한 긍정 마인드셋을 가질 수 있다. 내 상위목표는 다음과 같다.

- 죽는 날까지 공부하며 지식을 쌓는 것
- 좋은 지식을 많은 사람에게 쉽게 전달하는 것
- 건강한 삶을 위해 운동을 습관화하는 것
- 다양한 사람을 이해하고 포용하기 위해 마음을 공부하는 것
- 나와 가족의 행복을 위한 작은 요소들을 찾아내는 것
- 봉사를 위해 해마다 기부처를 하나씩 늘리는 것

변호사가 목표인 사람이 있다고 하자. 이 사람은 '어떤' 변호사가 되겠다는 가치는 정해두지 않았다. 이 탓에 목표를 이뤄 변호사가 된 후 생각지 못한 고된 업무에 시달리거나 비리를 저지를 수도 있다. 만약 변호사가 되지 못하면 좌절에 빠져 나아갈 길이 막막해질 수도 있다.

그러나 상위목표 개념을 제대로 이해한다면 자기만의 가치에 따라 '인권을 보호하는 변호사'라는 상위목표를 정할 수 있다. 신념을 품으면 어떻게 나아갈지도 더욱 명확해진다. 이러면 하위목표를 세우고 새로운 아이디어를 떠올리기

가 훨씬 쉬워진다. 무엇보다 자기 가치와 신념에 따라 목표를 세웠으니 변호사가 되려 애쓰는 과정도 재밌고 흥분된다. 변호사가 되지 못하더라도 인권을 지키는 다른 길을 찾을 수 있다.

긴 시간이 걸려도 좋다. 우선 자신의 가치에 따른 상위목표가 무엇인지 무작위로 나열해보자. 오히려 작은 생각에서 좋은 아이디어가 나올 수도 있다.

우선
이상적인 목표를 세워라

처음에 목표를 세울 땐 다소 이상적이라도 좋다. 당장은 불가능해 보이더라도 강력한 목표를 세우면 동기를 얻고 묘한 쾌감을 느끼며 집중력을 발휘하게 된다. 골프선수 안니카 소렌스탐은 LPGA 18홀 경기에서 도저히 불가능해 보이는 54타 기록을 목표로 삼았기에 59타라는 대기록을 세웠다.

목표를 높이는 건 생각의 그릇을 그만큼 키우는 일이다. 최근 뉴욕 허드슨강에서는 농구공보다 두 배나 큰 금붕어가

자주 보인다고 한다. 뉴욕뿐만 아니라 전 세계 강에서 나타나는 현상이다. 금붕어들의 유전자가 변하기라도 한 걸까? 아니면 우리가 모르는 신종 변이가 일어난 걸까? 이유는 다른 데 있었다.

집에서 키우는 금붕어는 대개 손바닥보다 작은 크기다. 그러나 사람들이 이사하거나 키우기가 곤란해져 금붕어를 강에 놔준 결과 이렇게나 크게 자랐다고 한다. 작은 어항에서 자라는 물고기는 터전의 크기에 맞춰 성장 속도가 느려진다. 스트레스를 많이 받아 자연에서 사는 금붕어보다 수명도 짧다고 한다. 높고 이상적인 목표를 잡는 건 어항에 살던 금붕어가 강으로 나가는 것과 같다. 한계를 정하지 않고 몸집을 불리는 것이다. 세계관을 넓혀보자. 그러면 신비한 일이 생길 것이다.

골프선수 A를 코칭한 사례를 보자. 이 선수는 대회에 나면 곧잘 우승하곤 했다. 그런데 어느 순간부터 중상위권에 머무르며 더 높은 순위로 올라가질 못했다. 그는 코칭을 받으며 진짜 문제가 뭔지 알고자 했다. 먼저 자기 파악 단계를 거치며 선수의 상태를 찬찬히 확인했다. A는 자신감도 있었고 심리 상태도 안정적이었다. 기술도 뛰어났다. 그러나 과거의 영광에 가려 제자리를 맴도는 느낌이 들었다. 그 탓에 자신감이 조금씩 떨어지고 마음이 조급해졌다.

그러다 우리는 정말 중요한 사실을 깨달았다. 목표 설정에서 생긴 오류를 발견한 것이다. A는 어느 순간부터 10~20위권에 머무르는게 편안하다고 느꼈다. 한 자릿수에 이르는 상위권으로 올라가면 두려움과 부담감에 경기를 망치곤 했다. 그는 어느 순간 '중상위권이 내 실력인가 봐' 하고 자기 자신을 틀에 가둬버렸다. 작은 어항 속 금붕어처럼 말이다. 우승이 목표라고 습관처럼 말했지만 무의식은 다른 곳을 목표로 삼았다. A는 쉽게 달성할 수 있는 '중상위권 유지'를 목표로 정하고 자신의 가능성을 제한했다.

이 선수만 겪는 문제가 아니다. 많은 사람이 자기도 모르게 빠지는 함정이다. 말로는 거창한 목표를 이야기하는 사람들도 깊이 들여다보면 정말로 편하게 생각하는 자기만의 목표가 따로 있는 경우가 많다. 이럴 땐 잠재력을 제한하는 틀에 갇혔음을 인지하고, 자신이 경험한 최고의 순간을 떠올리며 목표를 상향 조정해야 한다. 우리는 그 틀을 벗어던지는 순간 한층 더 발전한다. 작은 목표는 좁은 시야로 이어지고, 다소 이상적일지라도 큰 목표는 넓은 시야로 이어지기 때문이다. 자기 자신을 어항에 가둘 필요는 없다.

새해가 되면 누구나 남다른 각오로 큰 목표를 세우곤 한다. 그러나 정말로 목표를 이루는 사람은 아주 드물다. 목표를 현실로 만들어줄 가장 큰 무기는 가치에 따른 목표 설정이다. 그 다음은 지금 바로 시작할 수 있는 행동계획이다. 목표에 조금씩 다가가는 단계별 행동계획을 세워보자.

연구에 따르면 본인이 달성할 수 있는 수준보다 살짝 높은 목표를 세울 때 더 큰 성과가 나온다. 요즘 활발히 연구되는 '뇌 신경가소성'이 그 역할을 한다. '신경가소성'이란 뇌 스스로 성장과 재조직을 거치며 신경 회로를 바꾸는 능력이다. 즉 우리 뇌가 주어진 환경에 따라 특정 방향으로 변한다는 말이다.

예전에 학자들은 사람이 어릴 때만 뇌가 성장한다고 생각했다. 성인이 되고 나이가 들면 뇌도 함께 늙고 퇴화한다는 보고가 주를 이뤘다. 하지만 최근 보고에 따르면 나이와 상관없이 어떤 분야나 한 가지 일에 몰두할 때 새로운 '신경가소성'이 생기며 연결망처럼 퍼진다고 한다. 실제로 업무 현장에서 기존 경험에 새로운 경험을 더해 더욱 노련해지는 40~60대가 되면 자기 전문 분야에서 신경가소성이 활발하게 작동한다.

본인이 달성할 수 있는 수준보다 좀 더 높은 목표를 세우면 뇌는 스트레스를 받는다. 극심한 스트레스는 해로울 수 있지만, 적당한 스트레스는 동기를 부여하고 문제를 해결하는 등 좋은 성과를 내도록 돕는다. 스트레스를 받은 뇌는 문제를 해결하려고 파고들며 신경가소성을 극대화하기 때문이다. 실제로 우리가 운동할 때 런지 동작 20회가 한계라고 하면, 트레이너들은 꼭 마지막에 "할 수 있다"라며 "한 개 더"를 외친다. 이때 포기하지 않고 젖 먹던 힘까지 짜내 21회를 해내면 다음번에는 21회가 아니라 25회까지 해낼 의지와 근력이 생긴다. 이런 일을 경험해봤을 터다. 할 수 있는 것보다 조금 더 높은 목표를 설정하고 한계를 넘어서는데 도전해보자.

자기만의 가치를 담은 이상적인 목표를 세우고 싶다면 먼저 10년 후 모습과 이루고 싶은 것들, 10년 후를 위한 5년 후 모습, 그리고 그 미래를 위한 올해 계획을 세워보자. 10년 후와 5년 후 모습을 그리는 일은 목표에 해당하고, 그 목표를 위한 올해 계획은 큰 틀에서 행동계획에 해당한다. 그리고 목표를 이루기 위한 행동계획을 매 분기, 매달, 매주,

매일 반복할 계획으로 세분화하자. 오늘 당장 할 수 있는 일은 무엇인가? 다음 표를 활용해 계획해보자.

5년 후 미래 모습	
5년 후 미래에서 느껴지는 만족감이나 감정	
10년 후 미래 모습	
10년 후 미래에서 느껴지는 만족감이나 감정	
5년 후와 10년 후를 위해 지금 해야 할 일	
지금 해야 할 일들이 갖는 의미	

지키는 게임을 할 것인가, 도전하는 게임을 할 것인가?

운동선수들이 평소보다 큰 무대를 경험하고 오면 하나같이 얘기하는 점이 있다. 큰 무대에서 뛰는 선수들은 훨씬 도전적이고 과감하다는 것이다. 자신은 한 가지만 바라보고 달리는 느낌이었다면, 그들은 더 넓게 바라보고 응용하는 능력이 좋다고들 한다. 실제로 성적이 나오지 않는 골프선수들을 살펴보면 이런 문제가 흔히 보인다. 자기가 정한 특정 수준을 목표로 경기에 임하지만, 목표에 도달하지 못하고 부진한 성적이 나오면 그에 얽매여 성적을 맞추려는 강박에 빠진다.

결과에 초점을 맞추고 시작하니 성적에 더욱 민감할 수밖에 없다. 이 순간부터는 도전하는 게임이 아니라 결과를 짜 맞추고 지금 자리를 지켜내는 게임에 임한다. 성적에 신경 쓰느라 예민해지다 보니 샷 하나하나에서 실수를 용납하지 못한다. 마음은 더 조급해지고 몸은 점점 굳는다.

그러나 최고 수준에 이른 선수들은 반대로 한다. 성공했을 때 경기에서 유리해진다면, 어려운 목표에도 기꺼이 도전한다. 첫 시도가 잘못되더라도 안전하고 실수가 없는 쪽을 택하기보다는 상황에 맞춰 상대를 따라잡을 수 있는 전략을 택한다. 연습한 대로 기계처럼 공을 날려 보내는 게 아니라 본능적으로 '도전'한다. 아주 중요한 차이점이다. 지키려는 게임을 해서는 평균에 머물 뿐이다. 하지만 도전하는 게임은 어렵더라도 크게 성공할 가능성이 있다.

우리도 한 번 점검해보자. 일에서든 게임에서든, 실수를 용납하지 못하고 평균에 맞추려 애쓰고 있지는 않은가? 지금 어떤 상황에 놓였든 상관없다. 앞으로 뻗어나갈지, 평균에 머무를지 생각하자. 아무리 어려운 목표라도 끊임없이 도전하고 에너지를 쏟아붓자.

지키는 게임을 해서는 최악의 상황을 피할 뿐이다. 도전하는 게임을 택하면 더 높은 단계로 밀고 나갈 기회가 생긴다. 어떤 목표를 겨냥할지도 더욱 명확해진다.

3

현실적인 '하위목표'로
하나씩 이뤄내라

막연한 목표를
현실로 가져와라

세계 최고의 골프선수가 되겠다는 목표는 막연해 보인다.
우리는 실현 가능성이 작아 보이는 일에는 쉽게 흥미를 잃
고 우선순위에서 밀어낸다. 앞서 말한 상위목표는 다소 모
호하거나 지금 당장 이룰 수 없는 먼 꿈처럼 느껴질 것이다.

'하위목표'는 그처럼 막연한 느낌을 없애고 먼 미래의 목표를 현실로 가져오도록 돕는다. 쉽게 말해 하위목표는 상위목표를 이루기 위한 실질적인 행동계획이다.

예를 들어 행복한 가정을 꾸리는 일이 최상의 가치라면 좋은 사람을 만나 결혼하는 게 상위목표가 될 수 있다. 하위목표는 가족이 잘살려면 경제력이 어느 정도여야 하는지, 그러려면 어떤 직업을 가져야 할지 등 가치를 실현하고자 세우는 구체적인 계획이다. 여기 하위목표를 세우는 몇 가지 비법이 있다.

① 목표를 잘게 쪼개라

뭔가를 시작하기 두려울 땐 단계를 세분화하는 게 도움이 된다. 예를 들어 어떤 과제를 준비할 시간이 1년 있다면, 우선 1년을 분기별로 나눠본다. 1분기는 준비하는 단계, 2분기는 시도하는 단계, 3분기는 점검하고 휴식하는 단계, 4분기는 전력투구해서 잘 마무리하는 단계로 나눌 수 있다. 이렇게 단계별로 세분화해보면 복잡하고 어려워 보이는 일도 단순하게 정리된다.

사람들에겐 시작부터 자원과 노력을 모두 쏟아붓고 한 번에 해치우려는 습성이 있다. 그런데 이 습성 탓에 너무 큰 부담이 생기곤 한다. 크고 거창하게 보이는 일을 단계별로 나누면 좀 더 단순하게 접근할 수 있다. 처음에는 분기별로 나눴다면 다음에는 한 달 치 계획으로 나눠보고, 그 안에서 매주 어떤 일을 할지 조금 더 세세하게 계획하자. 다음에는 매일 반복되는 일과 조금씩 바뀌는 일을 최대한 작게 나눠서 계획에 따르는 부담을 줄일 수 있다.

② 마감 기한을 정하라

목표 설정의 핵심 요소 중 하나는 바로 '시간'이다. 두 집단에 속한 인부들에게 5미터 깊이로 구덩이를 파는 업무를 맡긴다고 하자. 한쪽에는 마감 시간을 오후 4시로 정해주고, 한쪽에는 별다른 시간제한을 두지 않고 오늘 중에만 끝마치라고 지시했다. 어느 쪽이 더 빠르고 안정적으로 일을 마무리했을까? 마감이 정해진 집단은 주어진 시간보다 빠르고 정확하게 작업을 마쳤다. 마감이 정해지지 않은 집단은 퇴근 시간 직전에 겨우 마무리했다.

시간 계획이 철저하고 무엇을 얼마만큼 해내야 하는지 명확할수록 목표를 이룰 확률이 높아진다. 목표가 세부적이고 구체적이면 실행할 때 몰입도도 올라간다.

③ 피드백하라

목표를 세우고 계획에 따르면서 매일 피드백하는 것도 중요하다. 오늘 치 계획을 얼마나 달성했는지, 다 하지 못했다면 내일은 어떻게 보완할지 피드백한다. 예정대로 할 수 있도록 사소한 부분까지 계획한다. 실천 목표를 피드백하는 과정을 거치며 새로이 동기를 부여한다. 지금 목표가 적당한지, 달성할 만한 목표인지 파악한다. 조금 과한 목표라면 피드백을 통해 합리적으로 수정하고 보완한다. 피드백 과정에서는 실천 과제들을 어떻게 실행했는지 확인한다. 좋았던 부분과 고쳐야 할 부분도 살펴본다. 이때도 코칭의 핵심 도구인 질문법을 주로 쓴다. 심리코치와 함께하지 않더라도 스스로 질문하고 답하며 연습하길 바란다.

질문하고 답하는 과정은 뇌에 목표를 각인하는 효과가 있다. '이런 부분은 어땠어?', '이런 부분은 아쉬웠고 다음에는 이렇게 하고 싶어' 등 질문을 통한 피드백으로 목표를 더욱 명확하게 고쳐나갈 수 있다. 이런 과정이 이어지면 목표는 더욱 세세해지고 명료해진다.

목표에 대한
오해들

① 반드시 상위목표가 먼저 정해져야 한다?

정답은 '아니요'다. 앞서 목표 설정 단계를 보면서 고민이 생겼을 수도 있다. 상위목표를 정하는 게 어렵게 느껴질 수 있으니 말이다. 먼 미래에 놓인 상위목표보다는 지금 당장 실행할 수 있는 하위목표를 더 잘 계획하는 사람도 있을 것이다. 모든 사람이 인생에 지향점을 갖고 살아가는 건 아니다. 주어진 현재에 최선을 다하면서 만족감을 느끼는 사람도 있다. 그런 사람들에게 먼 미래를 상상하며 상위목표를 정하라고 한다면 오히려 막연하고 불안하게 느껴질지도 모른다.

무리할 필요는 없다. 상위목표가 세워지지 않는다면 3년이나 5년 정도로 단위를 나눠 현실적인 중간 목표를 세워보는 것도 도움이 된다. 개인 성향과 처한 상황에 따라 목표를 계획하는 방법은 다양하다. 지금까지 제시한 대로 따라 하지 못하더라도 자기에게 맞는 방법으로 접근하는 게 좋다. 오늘 세운 목표를 매일 실천하다 보면 자연스럽게 더 먼 미래에 놓인 목표가 생길 것이다.

상위목표를 찾을 땐 새로운 활동 계획을 세우는 게 도움이 된다. 새로운 활동을 많이 할수록, 경험이 많을수록 자기가 무엇을 좋아하고 원하는지 깨달을 가능성이 커진다. 이때 '자기 관찰'이 꼭 필요하다. 일상에서 새로운 자극을 받다 보면 그동안 몰랐던 자기 모습을 발견하거나 좋은 식견이 생겨 목표 설정에 영향을 줄 수 있기 때문이다.

② 한 번 정한 목표는 무슨 일이 있어도 지켜야 한다?

이 역시 정답은 '아니요'다. 목표를 잘 지키지 못했다면 왜 그랬는지 살펴볼 필요가 있다. 정말 원하는 목표였는지, 자신의 가치에 걸맞은 목표였는지, 방해물은 뭐였는지 살펴보자. 자신의 가치와 맞지 않는 목표였다면 계획에서 지워버리거나 가치에 맞는 목표로 바꾼다. 방해물이 문제였다면 어떻게 해결할지 세부 계획을 짠다.

이렇게 잘 살펴보지도 않고 목표를 반드시 지켜야 한다고만 생각하면 강박으로 이어질 수 있다. 목표가 어느 위치에 있고 자신에게 어떤 의미인지, 방해 요소를 어떻게 해결할지 생각하고 고쳐보자.

③ 한 번 정한 목표는 절대 바꾸면 안 된다?

마찬가지로 '아니요'다. 목표를 하나로 고정할 필요는 없다. 한 번 목표를 정하면 어떻게든 이뤄야 한다고 많이들 오해한다. 그리고 그 과정에서 큰 압박을 느낀다. 좀 더 유연해질 필요가 있다. 목표는 한 번 정하면 꼭 지켜야 하는 고정불변의 요소가 아니다.

이렇게 받아들이면 쉽다. 목표는 끊임없이 발전하고 성장한다. 목표가 고정불변이라고 생각하는 사람은 이 점을 간과한다. 목표는 자기가 추구하는 삶의 가치가 무엇인지 생각하고 구체화할수록 분명해진다. 상위목표를 이루기 위한 하위목표 역시 끊임없이 변한다. 가치와 목표는 유기적으로 맞물려 움직인다. 목표와 계획을 들여다보며 꾸준히 피드백해야 하는 이유다. 지금 실천하는 일이 바뀐 목표에 걸맞은지, 상황과 가치를 고려할 때 여전히 그 목표를 원하는지 확인하는 과정이 필요하다.

주의해야 할 부분은 목표가 유동적이라고 해서 계획대로 실천하는 데 게을러져서는 안 된다는 점이다. 실천하기로 계획한 일은 반드시 완수하고 꼼꼼한 피드백을 거쳐야 한다. 작은 일이라도 목표대로 완수하는 습관을 들여야 다음

목표로 전진할 수 있다. 계획은 바뀔 수 있다. 목표도 바뀔 수 있다. 하지만 어떤 경우라도 중간에 포기하는 습관을 들여선 안 된다.

4
PART

SUMMARY

- 인생에서 이루고픈 분명한 '목표'를 세우고 구체적인 '계획'을 짜자.

- 단기적인 '결과'만 바라보고 달린다면 나중에는 목표를 잃고 만다.

- 구체적이고 명확한 목표 아래, 철저한 '우선순위'에 따라 행동하자.

- 자기 자신을 깊이 들여다보며 '감정, 강점, 가치'를 파악하자.

- 목표는 차례로 놓인 '정류장', 가치는 '도로'이자 '이정표'다.

- 가치가 담긴 '상위목표'와 한 단계씩 나아가는 '하위목표'를 세우자.

- 목표를 잘게 쪼개고 마감을 정해 지킨 뒤 꼼꼼히 피드백하자.

삶의 무기가 되는
멘탈코칭 3단계:
행동 변화

"2018년, 23살에 정그린 코치님을 처음 만났다. 그때까지 선수로서 쉴 틈 없이 달리는 사이 내 자아와 마음은 점점 지쳐버렸다. 멘탈코칭은 지쳐 쓰러진 나를 일으켜 세웠고, 내게 정말 중요한 목표가 무엇인지 가르쳐줬다."

고진영 선수
역대 최장기 163주 연속 LPGA 세계랭킹 1위

1

약속된 성공으로
당당히 걸어가라

    남녀 프로 골프 투어가 본격적으로 시작될 때쯤 많은 선수가 한 해 계획을 세우며 각오를 다진다. 이 시기에는 선수들이 찾아와 계획을 세우는 방법을 묻곤 한다. 여기서 사람들을 두 가지 유형으로 나눌 수 있다. '계획만 세우고 마는 사람'과 '계획대로 잘하는 사람'이다. 계획을 많이, 잘 세우는 사람은 어떤 목표든 이뤄낼까? 아쉽지만 그렇지 않다. 항상 계획을 세우지만 매번 실패하는 사람이 더 많다.

'계획 세우기'는 '목표 설정'에 해당한다. '계획한 대로 잘 이루기'는 '행동 변화'다. 메타분석*에 따르면 안타깝게도 목표 설정과 실행 사이 상관관계는 낮다. 그 와중에 반가운 소식은 '계획이라도 세우는 사람'은 '계획조차 세우지 않는 사람'과 달리 문제가 뭔지 정확하게 안다는 점이다. 하지만 앞에서 언급했듯이 문제가 뭔지 안다고 꼭 행동 변화가 일어나지는 않는다.

우리는 멘탈을 단련하는 4단계를 차례로 밟고 있다. 1단계로 자기 자신을 파악하는 법을 알아봤고, 2단계로 가치에 맞는 목표와 계획을 세웠다. 이번에는 잘 짜인 목표가 행동으로 이어질 수 있게끔 자기 자신을 바꾸는 방법을 알아볼 것이다. 그러려면 명확한 '실행 의도'를 갖고 목표를 '구체화'해야 한다. 지금부터 그 자세한 방법을 알아보자.

---

* 같거나 유사한 주제로 연구한 다양한 결과를 객관적·계량적으로 종합해 고찰하는 연구 방법이다.

구체적인 계획은
눈에 보이는 현실이 된다

우리는 늘 목표를 세우고 굳게 다짐하면서도 좀처럼 실천으로 옮기지 못한다. 목표에 대한 의지만 강할 뿐, 행동계획은 생각해보지 않은 탓이다. '행동계획'이란 자기가 세운 목표를 잘 실행하도록 돕는 지침이자 시작의 발걸음을 내디딜 신호탄이다. 어떤 사람이 마라톤을 완주하겠다는 목표를 세우고 마음도 굳게 먹었다 치자. 실제로 마라톤을 뛰려면 여러 단계로 나뉜 과정이 필요하다. 참가하고 싶은 마라톤 경주가 언제 있는지, 몇 킬로미터나 달릴 것인지, 신발과 복장은 어떤 걸 준비할지, 무슨 기초 훈련을 할지, 대망의 마라톤 당일에는 아침 몇 시에 일어날지, 출발지에서는 어떻게 몸을 풀고 기다릴지, 동행자는 누구일지 등 말이다. 목표가 크든 작든, 이런 세부 사항과 실천 계획은 명확하게 정해야 한다.

목표가 자기만의 가치를 담은 방향을 큰 덩어리로 제시한다면, 행동계획은 목표를 이루기 위해 즉시 수행할 방법이다. 행동계획에서는 현실적으로 당장 시작할 수 있는 아주 작은 단위부터 생각하는 편이 좋다. 그리고 지금 가는 길이 목표와 방향에 맞는지 살펴보는 중간 점검도 잊지 말아야 한다. 목표를 잘게 쪼개 행동계획으로 옮겼다면, 이제는 단순한 마음으로 하나씩 실천하면 된다.

행동계획을
점검하라

목표를 세우고도 쉽게 포기하는 습관이 있다면 너무 먼 미래에 놓인 목표만 생각한 탓에 실천하기가 버겁거나 불안감이 찾아온 게 아닌지 진단해보길 바란다. 최종 목표는 자주 떠올려야 하지만, 결국 목표를 이루려면 계획대로 차근차근 나아가야 한다. 각 분야에서 최고가 된 사람들은 계획에 따라 끈기 있게 나아가며 단순하게 행동한다.

행동계획을 잘 세웠다면 매일, 매주 과제를 실행하고 계획대로 잘했는지, 만족도는 어떤지 달성도를 확인해보자. 점수 척도는 10점 만점이다. 자기가 지금 어느 위치에 있는지 살펴보자. 생각보다 잘한 점이 있다면 왜 잘됐는지, 못한 점이 있다면 왜 안됐는지 분석하는 과정이다. 이 피드백을 바탕으로 내일이나 다음 주에도 계획대로 할지, 아니면 계획을 조금 수정하고 보완할지 정한다.

목표를 세우고 행동계획도 짜기는 했지만 '꼭', '반드시' 해내야 한다는 함정에 빠질 필요는 없다. 상황과 의미에 맞게 계획을 다듬는 과정도 필요하다. '목표와 계획 다듬기'는 노련하게 실천하고 더욱 성장하는 현명한 방법이다. '꼭', '반드시'라는 함정에 빠지면 목표와 계획의 의미는 퇴색되고 강박에 빠질 수 있으니 주의하자. 지금 가는 방향이 맞는지만 확인하면 된다.

행동계획을 실천할 땐 스스로 질문을 던져보자. '셀프 코칭'을 시도하는 과정이다. 처음에는 스스로 질문하기가 어색할 수 있지만 익숙해지면 질문하는 양이 늘고 질도 좋아진다. 질문은 현재 상태를 파악하는 도구다. 정해둔 목표에 질문을 더하면 효율성이 좋아진다. 앞서 말했듯이 10점 만점으로 척도를 확인하는 일 역시 자기 자신에게 던지는 질문이다. 달성도를 확인하듯 지금 상황에서 자기 상태가 어떤지, 느낌이나 기분은 어떤지, 계획대로 잘 진행하고 있는지, 좀 더 잘하려면 뭐가 필요한지, 무엇을 보완하면 좋을지, 환경은 괜찮은지, 집중도는 어떤지, 집중도를 좀 더 높이려면 어떤 게 필요한지 질문하자.

꼬리에 꼬리를 무는 질문은 당신이 행동을 좀 더 명확하게 분석하고 일에 깊이 빠져들게 만든다. 초점을 더욱 정교하게 맞추고 일에 빠져드는 과정에서 호기심도 생겨난다. 이 과정은 우리를 가장 깊은 몰입으로 이끌고 일을 효율적으로 만든다. 초점을 맞추는 일은 자기가 던진 질문을 생각하고 문제를 해결하려 파고드는 과정이다. 최적의 상태에 가깝게 맞춰 나간다면 자기 자신에 대한 믿음과 용기가 더욱 강해질 것이다.

2

꼼꼼한 '기록'이
기적을 부른다

목표 달성
일지 쓰기

우리는 전 단계에서 자기만의 가치를 파악하고 알맞은 목
표를 설정했다. 누구에게나 여러 가치가 있다. 중시하는 가
치는 그 사람을 대변한다. 그 사람만의 색깔이 배어나고 삶
의 방식과 질서가 분명하게 드러나기 때문이다. 가치에 맞

게 자기만의 방향으로 잘 나아가고 있는지 중간중간 점검하고 확인하는 과정이 필요하다.

한 방법으로 '목표 달성 일지'를 쓰면 좋다. 매일 아침과 저녁, 한 줄이라도 좋으니 하루 계획을 세우고 결과를 기록하는 것이다. 아침에는 오늘 어떻게 살지 생각해본다. 시간 순으로 계획을 세울 수도 있고, 해야 할 일을 중요한 것부터 배열할 수도 있다. 이런 계획은 실천하기 위해 시동을 거는 과정이다. 일과를 마친 후에는 오늘 어떤 일을 했는지 적어보고 만족도를 평가한다. 결과에 따라 내일은 어떻게 살지 간단한 계획을 세운다. 업무든 일상이든 좋다. 고민하고 계획하고 행동하고 평가하자.

가치, 목표, 행동 같은 말은 막상 생각해보면 막연할 때가 많다. 뭔지는 어렴풋이 알겠는데 실천으로 들어가려면 막막하다. 그땐 우선 목표와 계획을 종이에 적어보는 게 좋다. 사람들은 1년, 10년, 평생 같은 큰 단위 계획은 잘 세우지만 막상 하루하루 어떻게 살지는 생각하지 않는다. 그러니 목표를 행동으로 옮기기가 그토록 어려운 것이다. 그러나 '오늘 하루'야말로 삶을 바꾸는 핵심이다. 부디 하루를 의미 있게 보내자. 단순하고 비슷한 일상을 반복하더라도 작은 차이는

216

생기기 마련이다. 매일 만드는 차이가 조금씩 쌓여 '이기는 멘탈'을 만든다. 사소한 일이라도 종이에 기록하고 떠올리며 고쳐보는 게 중요하다.

작은 행복을
기억하라

행복하게 사는 사람은 아주 작은 일에서도 기쁨과 즐거움을 찾을 줄 안다. 그런 사람은 일생을 행복하게 그려간다. 불시에 찾아오는 횡재는 별 의미가 없다. 큰 상을 타거나 복권에 당첨되더라도 평생 행복하리라 보장할 순 없다. 일시적인 효과에 그칠 뿐이다. 그러나 '밥이 맛있어서 좋다', '친구들을 만나서 즐겁다'처럼 사소한 일에서 행복을 찾는 사람은 작은 행복을 모으고 쌓으며 결국엔 행복한 삶을 완성한다. 사소한 행복이 쌓여 내일로 이어지고, 이 흐름이 삶을 이끈다.

작은 행복이라도 꾸준히 지켜나가기는 어렵고, 지금 행복한지 골똘히 생각해볼 기회는 드물다. 그러니 매일 생각하고 기록하며 자주 떠올려야 한다. 아주 짧은 시간이라도 좋다. 행복에 대해 고민하고, 행동을 바꿀 계기를 만들자. 뇌가 행복을 잊지 않도록 꾸준히 떠올리자. 하루에 단 1분이라도 행복이란 무엇인지 고민하는 사람은 그렇지 않은 사람보다 훨씬 즐겁게 살아간다.

일단 행복을 생각하는 일과를 만들면 어느 날에는 이 생각을 좀 더 길게, 깊게 이어갈 수 있다. 인상 깊은 일이 아니더라도 기뻤거나 즐거웠던 일상 속 한 장면을 오래 떠올려보자. 한 줄 적기도 번거롭던 기록과 계획이 어느 날에는 열 줄, 한 장으로 늘어날 것이다. 그런 날은 반드시 찾아온다.

큰 목표를 이루려면 작은 계획과 성공을 쌓아올려야 한다. 작고 사소한 일에 귀를 기울이자. 지금 바로 실천하기도 쉽다. 스마트폰을 꺼내 메모장을 켜고 오늘 잘한 일, 좋았던 일을 딱 하나만 적어보자. 이것저것 떠오르는 대로 편하게 적는다. 그러면 그냥 지나칠 수도 있었던 행복과 성공이 글로 남아 눈앞에 드러난다. 그러면 기분이 좋아지고 마음이 편해진다. 꼭 매일 적을 필요는 없다. 하루도 거르지 않겠다고 다짐하면 부담이 될 뿐이다. '하루 이틀 빠뜨려도 괜찮다. 그래도 자주 생각하자.' 이렇게 다짐해야 오래 이어간다.

나는 실제로 코칭하는 고객들에게 매일 실천할 수 있는 멘탈 훈련 과제를 주곤 한다. 스스로 잘했다고 칭찬할 점, 보완할 점 두 가지를 기록하는 일이다. 물론 오늘 잘한 일을 생각하고 기억하는 쪽이 더 중요하다. 매일 같은 일이어도 상관없다. 잘한 일을 기억해야 앞으로 더 잘할 수 있고, 이 능력이 곧 강점이 된다.

사람들은 대부분 잘한 일을 생각해보라고 하면 큰 부담을 느끼고 제대로 적어내지 못한다. 그러나 정말 사소한 일, 가령 평소 쓰레기를 책상 위에 올려두는 습관이 있었는데 오늘은 쓰레기통에 잘 버렸다는 정도여도 좋다. 행동이 바뀌지 않았는가. 스스로 각성한 셈이다. 아주 잘한 일인데 사람들은 이 사소한 변화를 놓친다. 사소한 행동 하나가 불러오는 나비 효과는 절대로 사소하지 않다. 이 작은 행동은 스스로 문제를 깨우치고 의식해서 조절했다는 증거다. 그러니 자기 자신을 칭찬해야 한다. 일상에서 이런 변화를 놓치고 자기 자신을 칭찬할 줄 모르면 큰일은 더더욱 해내기 어렵다.

3

막연한 계획을 '실천'으로
옮기는 일곱 가지 방법

① 구체적인 목표와 명확한 의도

반복해서 얘기하지만 '행동'에 있어 가장 먼저 정해야 하는 건 명확한 목표와 의도다. 예를 들어 어떤 골프선수가 '올해는 대회마다 2~3타를 줄이겠다'라는 목표를 세웠다면 타수를 줄이기 위한 구체화 작업으로 넘어가야 한다. 구체화 작업에는 우리가 이미 아는 육하원칙을 써볼 수 있다. '누가, 언제, 어디서, 어떻게, 왜, 무엇을' 통해 목표에 가까워질지, 어떻게 연습할지 생각해보자. 구체화 작업이 끝났다면 다시 한 번 자기 자신에게 물어보며 확인한다. '올해 내가 2~3타를 줄여야 하는 이유는?'이라고 말이다. 이렇게 질문하면 '최고의 선수가 되기 위해서', '행복해지기 위해서' 등 여러 이유가 나올 것이다. 이처럼 질문을 통해 명확한 '실행 의도'를 강화해야 한다.

뭔가 실행하려면 '절실함'이 필요하다. 아무리 프로 선수라도 '왜 그 목표를 이루려고 하느냐'라고 물어보면 의외로 절실함이 담기지 않은 대답이 나올 때가 많다. '그냥 나는 선수니까' 또는 '어릴 적부터 골프를 해왔으니까'라는 식이다. 그보다 더 중요한 절실함을 찾아야 한다. 심리코치는 이처럼 절실함을 찾고 행동 변화를 이끄는 작업도 맡는다. 상황에 맞는 중요한 질문을 던져 목표를 세우고 행동을 바꿀 이유를 찾아줘야 한다. 절실함은 심리적 안정과 행동 변화를 끌어내 복잡한 문제를 푸는 열쇠가 될 수 있다.

② 작은 시작의 힘

명확한 목표가 있다면 다음으로 중요한 건 부담이 없을 만큼 작은 일부터 시작하는 것이다. 평소 운동하지 않는 사람은 일주일에 세 번씩 운동하는 게 무리일 수 있다. 그렇다면 일주일에 한 번, 5분 걷기 정도로 시작하자. 걷는 데 익숙해지면 횟수와 시간을 조금씩 늘린다.

물론 계획을 실천하다가 중간에 흐트러질 수도 있다. 그래도 아무 문제 없다. 다시 시작하면 된다. 그 대신 중간에 실패하더라도 3개월은 유지하고 습관화하기로 다짐하자. 연구에 따르면 습관을 만드는 데 최소 100일이 필요하다고 한다. 변화를 일으키기에 꼭 필요한 시간이다. 습관을 만들기 위해 도전하다 보면 하루이틀은 실패할 수도 있다. 그러나 포기하지만 않으면 괜찮다. 몇 번이고 다시 시도하면 된다.

고객 중에 팔굽혀펴기를 100개 하고 싶다는 분이 계셨다. 그래서 나는 10개부터 시작하자고 했다. 첫날에는 10개, 다음날에는 11개, 그 다음날에는 12개……. 느리지만 꾸준히 노력한 결과 이분은 결국 100개까지 해내셨다. 작은 목표와 과제가 모여 불가능해 보이던 성공으로 이어진 것이다. 이렇듯 아주 쉬운 과제로 시작해 성취감을 맛보는 게 중요하다. 성취와 보상, 쾌감이 필요하다. 그래야 또 하고 싶고, 그래야 습관이 된다.

③ 현재에 집중하기

명확한 목표와 작은 과제가 준비됐다면 이번에는 '현재'에 집중하기를 연습할 차례다. 자신이 설정한 목표, 즉 결과에 대한 집착을 내려놓고 과정에 집중해야 한다. '과정'이란 지금 눈앞에 있는 상황을 말한다. 골프선수에게 '과정'이란 10분 전에 지나간 샷도 아니고, 10분 후에 쳐야 할 샷도 아니다. 지금 휘두르는 이 샷과 서 있는 장소, 여기에서 느끼는 감정, 이런 게 바로 '현재'이자 '과정'이다.

일상이나 직장에서도 마찬가지다. 상사에게 혼이 나고 그 사실에 얽매여 당장 해야 할 일을 며칠씩이나 못 하는 경우도 많다. 또 목표에 과도하게 집착하는 경우도 있다. 결과에만 초점을 맞추다 보니 지금 자기 모습이 부족하게만 느껴지는 것이다. 지금도 충분히 잘하고 있는데 목표치보다 부족하다며 좌절하고 포기하기도 한다.

'결과'와 '과정'을 구분하는 게 무엇보다 중요하다. 본인이 집중하는 대상이 '결과'라면 생각과 부담을 내려놓을 필요가 있다. 결과는 마지막에 찾아오기에 굳이 반복해서 의식하지 않아도 마음 한구석에 자리 잡고 있다. 열심히 했든, 그렇지 않든 결과는 나오게 돼 있다. 목표를 향해 나아갈 때 정말로 집중해야 할 부분은 과정이다. 우리가 해야 할 일은 지금 목표를 위해 내딛는 한 발, 한 발에 몰입하는 것이다.

이는 앞서 얘기한 객관화 작업에도 속한다. 생각의 가짓수를 줄이면서 사실만 확인하는 과정이기 때문이다. 예를 들어 자신이 결과에 집착하는 것 같다면 잠시 멈춰서 판단해야 한다. 한 걸음 떨어져 제3자의 관점으로 생각하기를 연습해야 한다.

지금 집중하고 있는지, 왜 이렇게 마음이 조급한지 생각해본다. 어제 미처 마무리하지 못한 일이 문제라면, 일을 끝내지 못했다는 결과에 매였음을 객관적으로 직시하고 현재에 집중하는 작업을 이어가야 한다. 본인이 스스로 문제를 알고 방향을 잡을 수 있어야 한다.

먼저 생각을 정리하고 단순화하면서 우선순위를 정하자. 가장 중요한 순서대로 집중하며 계획을 세워나가면 된다. 각 과정에 집중하면 지금 자신에게 정말 중요한 게 뭔지 확인해 우선순위를 세우고 불필요한 요소를 덜어내는 작업도 함께 이뤄진다.

과정에 집중한다는 말이 모호하거나 어렵게 느껴질 수도 있다. 현재 과정에 집중하는 구체적인 연습 방법으로는 오감을 느끼는 명상을 추천한다. 시각, 청각, 후각, 미각, 촉각 등 모든 감각을 동원해 지금 자신의 상태를 있는 그대로 느껴본다. 지금 펜을 들고 있다면 펜을 쥔 느낌, 종이 위에 글을 써나가는 질감 등을 느끼면서 거기에만 집중하고 다른 생각은 차단한다. 불필요한 생각을 차단하면 지금 해야 할 일을 더욱 선명하게 볼 수 있다.

④ 셀프 토크, 변화를 만드는 세 가지 질문

자기 목소리를 녹음해서 들어본 적 있는가? 아마도 다른 사람처럼 낯설고 생소하다 느꼈을 것이다. 하지만 다른 이들에겐 그 소리가 전혀 낯설지 않다. 그게 본래 당신의 음성이니 말이다. 자기 내면과 마주하는 일은 이처럼 아주 낯설다. 그래서 우리는 나쁜 평가를 받으면 그를 부정하려고 몸부림치곤 한다.

코칭 심리는 상대에게 뭔가 가르치는 게 아니다. 코치로서 동행하며 '잘할 수 있다'라는 긍정적 태도를 심어주고 실전에서 그 힘을 최대한 발휘할 수 있도록 돕는다.

수많은 이야기를 나누다 보면 자기도 몰랐던 점을 깨닫기도 하고 문제의 해결책이 나오기도 한다. 중요한 건 타인의 의견이나 학습한 결과에 따르기보다는 스스로 던지는 질문을 통해 자신에게 맞는 방법을 찾아내고 동기를 부여하는 것이다. 타인에게 구한 가르침이나 방법론은 머리로는 이해할 수 있어도 가슴으로 온전히 받아들일 수는 없다. 스스로 찾아낸 방법과 동기는 가슴에 깊이 남아 그 어떤 가르침보다 큰 힘을 발휘한다. 반복해 언급하지만 모든 사람에게는 무한한 잠재력이 있다. 우리는 이미 답을 안다. 코칭 심리의 궁극적인 목표는 '변화'다. 변화가 어려운 이유가 과연 방법을 몰라서일까? 알면서도 직면하고 받아들이지 못해서일 가능성이 크다. 코칭 심리의 기본자세는 '경청'을 통한 인정과 공감, 지지다. 코칭을 받는 사람은 이로써 이해받는 느낌, 수용되는 느낌을 받고 변화하려는 욕구를 갖는다.

변화를 일으키려면 나 같은 심리코치에게 도움받을 수도 있지만, 스스로 자신의 심리코치가 될 수도 있다. 제3자가 묻듯이 자신에게 말을 걸고 진실한 대화를 나누며 코칭하는 것이다. 다음과 같은 질문을 던지자. 첫 번째는 '나는 지금 어떤 상태인가', 두 번째는 '내가 가장 원하는 게 무엇인가', 세 번째는 '그렇다면 어떻게 해야 하는가'다.

첫 번째 질문은 현재 상태를 이성적으로 점검하고 받아들이는 연습이다. '받아들이기'는 모든 정신적 치료와 상담에서 꼭 거치는 기본 과정이다. 자기 자신을 받아들이고 이해하고 위로하는 첫 단계기도 하다. 두 번째 질문으로는 자기가 무엇을 위해 이 일을 하는지 인생의 목표를 확인해볼 수 있다. 이 질문으로 강한 동기를 얻기도 한다. 세 번째 질문은 앞으로 수행할 방법론을 다룬다. 아주 간단한 세 가지 질문으로 자신의 감정 상태를 이성적으로 파악할 수 있다. 자신의 한계와 가능성을 객관적으로 분석하고 문제 해결 단계로 넘어가야 한다. 긴장하거나 두려움을 느낄 때, 성공하거나 실패했을 때, 평소 자기 상태를 점검하고 싶을 때 세 가지 질문을 곱씹어보길 바란다. 스포츠 현장뿐만 아니라 아주 다양한 곳에서 쓸 수 있다.

실패하더라도 좌절하지 말자. 실패를 통해 자신을 점검하고 개선할 점을 찾아보자. 반대로 성공했다고 너무 우쭐하거나 자만하지 말자. 실패와 성공은 정말로 원하는 가치에 도달하는 과정일 뿐이다. 나를 공부하고 나를 알면 자기에게 들어맞는 방법과 계획이 떠오른다. 셀프 코칭을 연습하면 이제껏 몰랐던 자신을 발견할 수 있다. 당신도 내면의 잠재력에 놀라게 될 것이다.

⑤ 긍정 언어로 말하기

코칭할 때 특히 중요하게 확인하는 부분이 있다. 사람들이 어떤 단어를 쓰며 이야기하는가다. 부정적인 단어를 긍정적인 단어로, 부정적인 문장을 긍정적인 문장으로 조금만 교정하면 생각하는 방향이 확연히 달라지기 때문이다.

실제로 내가 코칭하는 선수들에게도 단어 교정을 많이 해준다. 예를 들어 "이번에는 절대 실수하지 않겠어"라는 문장과 "노력한 만큼 열심히 해보겠어"라는 문장은 얼핏 비슷한 듯해도 방향이 완전히 다르다.

"절대 실수하지 않겠어"라고 말하면 뇌는 '절대'와 '실수'라는 단어에 방점을 두고 기억한다. 자연히 절대 실수하면 안 된다는 강박관념이 생긴다. 같은 상황에서 "노력한 만큼 열심히 해보겠어"라고 말하면 뇌는 '노력'과 '열심히'에 방점을 둔다.

긍정적인 단어와 말은 자신에게 남기는 확언인 동시에 뇌에도 작용한다. 그러니 자신이 평소에 어떤 단어를 습관적으로 택하는지, 어떤 문장으로 얘기하는지 살펴보는 일이 굉장히 중요하다.

⑥ 뇌 근육을 강화하는 활동

요즘에는 헬스클럽에 다니는 사람이 많다. PT를 받거나 스튜디오를 이용해 전문가 수준으로 운동하는 사람도 갈수록 늘어난다. 그런데 신체 근육 강화만큼이나 뇌 근육 강화도 중요하다. 뇌 근육을 강화하는 활동은 자기를 파악하는 데 중대한 영향을 미친다.

여러 지식과 정보를 습득하는 활동은 뇌 근육 강화에 큰 도움이 된다. 나는 그중 '독서'를 가장 중요하게 생각한다. 모든 고객에게 독서 훈련을 많이 시킨다. 책은 세상 모든 지식과 정보를 집약한 저비용 고효율 콘텐츠다. 책을 읽으면 한 번도 가보지 못한 나라의 문화를 접하고, 살아보지 않은 시대를 이해하고, 느껴보지 못한 감정을 알 수 있다. 책에서 얻는 간접 경험은 다양성을 늘리고 새로운 지식을 전달해 생각하는 범위를 넓혀준다. 자기 자신을 알고 타인을 이해하기 위한 활동으로 독서만큼 좋은 방법이 없다.

평소 책을 읽지 않는 사람에게는 쉽지 않은 도전일 수도 있다. 운동과 마찬가지로 아주 조금씩 분량을 늘리는 편이 좋다. 하루 한 장으로 시작해 양을 늘리거나 가볍게 만화책부터 읽어보라고 권하기도 한다. 독서가 어느 정도 몸에 밴 후에는 추천 도서 목록을 짜서 독서량을 늘려간다.

그래도 독서에 익숙해지지 않으면 영화나 드라마를 보고 감상을 나누는 훈련도 함께 진행한다. 주인공이 처한 상황을 두고 토론하다 보면 자기 생각이 어떤지, 다른 사람은 어떻게 생각하는지 알게 된다. 영화를 주제로 나누는 토론은 자신의 감정과 생각을 표현하는 데 익숙하지 않은 사람에게도 좋은 뇌 훈련법이다.

⑦ 방해 요소 점검하기

좋은 목표와 의도가 있어도 계획대로 실천하기 어려운 또 다른 이유는 주변에 수많은 방해 요소가 도사리기 때문이다. 무엇이 방해 요소인지, 방해 요소를 어떻게 물리칠지 아는 사람은 자기 자신뿐이다. 사람마다 방해물도 다르고 극복할 방법도 다르다. 방해 요소를 가려내려면 스스로를 돌이켜보며 행동을 하나하나 살피고 목표에 들어맞는지 점검해야 한다. 특정 행동이 목표를 이루는 데 도움이 되는지, 불필요한 시간 낭비였는지 분류해보는 것이다. 그러면 자기만의 기준과 방식에 따라 행동 하나하나가 구분된다. 이 기준과 방식은 자기 자신밖에 모른다.

예를 들어 퇴근하면 곧장 침대에 드러누워 스마트폰을 들여다보는 사람이 많다. 이는 누군가에겐 시간 낭비일 수 있지만 다른 누군가에겐 꼭 필요한 휴식일 수 있다. SNS 역시 누군가에겐 방해물이지만 다른 누군가에겐 모르는 분야를 공부하고 도움을 구할 기회가 될 수 있다.

자기만의 목표와 기준이 생기면 구분도 분명해진다. 목표를 이루는 데 도움이 되는 행동을 취하고 방해되는 행동은 그만두자.

4

모든 일은
'생각'하는 대로 이뤄진다

모든 변화는
자기객관화에서 출발한다

지금 우리에게 필요한 건 변화다. 그리고 변화를 일으키는 실천이다. 그러나 대부분 변화를 생각하기만 하고 결국에는 익숙한 삶을 택한다. 변화를 실천하려고 하면 불편한 감정이 느껴지기 때문이다. 가장 실망스러운 순간은 목표에 도달하고자 수없이 노력했음에도 물거품으로 돌아갈 때다. 실패를 겪으면 과거에 실패했을 때와 같은 호르몬이 분비되고 그때 느낀 나쁜 감정이 되살아난다. 그러면 도전정신은 사라지고 스스로 합리화하게 된다. 실패하는 습관이 밴 몸이 정신을 이겨버리는 것이다. 이러면 주체성을 잃어버리고 나쁜 습관에 휘둘리며 살아가게 된다.

아무리 노력해도 성공하지 못하는 이유는 실패하는 선택을 내리기 때문이다. 실패하는 선택을 되풀이하는 이유는 생각이 바뀌지 않아서다. 뇌는 하루에 수십만 가지 생각을 한다. 이 수십만 가지 생각 중 90퍼센트는 오늘 새로 만들어진 게 아니라 어제 지나간 생각에서 나온 결과다. 그래서 늘 똑같은 생각, 똑같은 경험을 하며 살아가게 된다. 똑같은 경험은 똑같은 감정을 만들어낸다. 익숙하기 때문에 안전하다고 느끼지만, 변화하고 발전하지는 못한다.

변화하고 발전하려면 '메타인지'에 힘써야 한다. 메타인지는 자기가 지금 무엇을 의식하는지, 그것들이 무엇과 어떻게 연결되는지 알려주기 때문이다. 우리 몸과 무의식이 기억하는 익숙한 삶이 아니라 새롭고 주체적인 삶을 살아야 한다. "이 시간대면 차가 막힐 텐데 짜증 나네.", "오늘은 상사가 업무 상황을 확인하고 핀잔을 줄 텐데 걱정이네." 이렇게 늘 따라붙는 습관적인 생각과 감정이 아니라 자기가 지금 느끼고 원하는 감정과 생각을 선명하게 만들어야 한다.

생각을 가지치기하라는 말을 들어봤는가? 가지치기는 쓸데없는 생각을 버리고 자기가 원하는 것, 지금 느끼는 감정과 생각을 알아차리는 작업이다. 과거의 기억에 얽힌 생각은 버리자. 불필요한 생각이라면 과감하게 잘라버릴 용기가 있어야 한다. 자기가 지금 왜 이렇게 행동하는지, 어떤 생각을 하는지, 어떤 감정을 느끼는지 알고 무의식을 의식으로 바꾸자. 그러면 자기 자신을 알 수 있다. 비로소 지금 무엇을 해야 할지 명확해진다.

내가 진행한 리더십 코칭 사례를 보자. 기업인과 함께 리더십 코칭을 할 땐 고객 본인이 생각하는 리더십의 정의와 경영방침을 확인한다. 본인에게 묻기도 하고 직원들에게 익명으로 설문 조사를 받기도 한다. 쉽지 않은 작업이다. 직원들의 의견을 받아들이지 못하는 리더가 많기 때문이다. 그러면 나는 리더가 회의 중에 업무를 지시할 때 나타나는 말투나 행동이 어떤지 녹화해서 보여주기도 한다. 영상에 담긴 자기 모습을 본 리더들은 깜짝 놀라곤 한다. "내가 저렇게 표현했나?", "내가 저런 말을 했나?" 하고 말이다. 스스로 이성적이고 개방적이라 믿었는데 실상은 감정적이고 고지식하다. 유연하다고 생각했는데 경직됐다. 실제 행동을 한 발짝 멀리서 바라보면 막연한 생각과 믿음이 깨진다. 이 과정을 거쳐야 다음 길을 생각할 수 있다.

자신은 객관적이라고 생각하지만 사실은 그렇지 않다. 그래서 자기분석이 중요하다. 제3자에게 자기 자신이 어떤지 묻고 소통해야 한다. 주변 반응을 확인하고 통합하면서 '내가 생각하는 나'와 '남이 생각하는 나'가 어떻게 다른지 살펴보자. 남들은 왜 나를 그렇게 바라보는지 생각해보자. 틀을 깨고 자신을 제대로 들여다보는 작업이 중요한 이유는 이 과정을 거쳐야 비로소 행동이 바뀌기 때문이다.

자신을 새로 그리는
이미지 트레이닝

생각으로 행동을 바꾸는 방법은 또 있다. 심상 훈련이라고도 하는 '이미지 트레이닝'이다. 운동선수들이 자주 쓰는 기법이다. 무거운 기구를 들거나 뙤약볕에서 훈련하기는 무척 힘들다. 머릿속으로 상상하기만 해도 실력을 키울 수 있다면 얼마나 좋을까? 이런 일은 실제로 가능하다.

이미지 트레이닝이란 쉽게 말해 '어떤 상황이나 상태를 머릿속으로 그리고 펼치는 행위를 반복하는 것'이다. 이는 정신 기능 향상이나 치료에 도움이 된다. 반복해서 수행하면 실제로 그 상황이나 상태를 경험한 것과 비슷한 효과가 나오며 신체 기능에도 영향을 미친다. 그렇다면 이 훈련은 어떻게 하는 게 좋을까?

우선 가장 편안한 상태에서 시작한다. 현장에서 실제로 어떤 일을 하는 모습과 똑같아야 한다는 점이 중요하다. 그러려면 이미지가 아주 구체적이고 실제 같아야 한다. 골프 선수라면 실제로 경기하는 장면, 구체적인 스윙, 바람의 흐름, 그립을 잡았을 때 드는 느낌, 주변 갤러리나 관계자가 내는 소음 등을 그려볼 수 있다. 단순히 머릿속에 그리는 게 아니라 장면마다 생생한 느낌을 살리는 게 중요하다. 매일 아침저녁으로 5분 정도 꾸준히 연습하는 게 좋다. 잘하고 싶은 플레이를 상상해도 좋고, 과거에 펼친 최고의 플레이를 떠올리며 그때로 돌아간 것 같은 기분을 느껴도 좋다. 이미지 트레이닝은 긍정적 효과를 가져와야 한다. 자신감 넘치는 마음가짐으로 목표에 대한 동기를 얻는 것도 중요하다.

간혹 최악의 상황을 예측하다가 그 상상에 갇혀 빠져나오지 못하는 사람을 만난다. 이럴 땐 방향을 조금 바꿔서 생각해보면 좋다. 최악의 상황을 상상하는 게 아니라 일어날 수 있는 일들을 예측해보면 큰 도움이 된다. 각 상황에 어떻게 대처할지 미리 계획을 세워보는 것도 좋다.

인생을 사는 일도 똑같다. 자기가 가진 도구를 어떻게 활용할지 고민하고 시뮬레이션하는 것이다. 살다 보면 예측하지 못한 상황이 끊임없이 생긴다. 그런 환경 탓에 좌절하거나 멘탈이 무너질 수도 있다. 환경 때문에 어쩔 수 없는 상황이 일어났을 때 자신을 탓하지 않고 받아들이는 태도가 필요하다.

외부 환경 탓에 찾아온 결과를 마주할 때 괜히 자신을 채찍질하는 사람이 정말 많다. 이때도 마찬가지로 상황을 객관적으로 판단할 수 있어야 한다. 일이 잘되지 않은 게 정말 자기 책임인지, 최선을 다했지만 어쩔 수 없었는지 살펴봐야 한다. 근거 없는 자아비판은 자존감과 멘탈을 무너뜨릴 뿐이다. 상황을 예측하는 건 생길지도 모르는 여러 상황과 대처법을 생각하며 마음의 안정을 찾기 위한 일이다. 나쁜 상상으로 정신을 압박하는 게 아니다. 따라서 부정적인 예측에 파묻히지 않고 유연하게 대처하는 태도를 가져야 한다.

이미지 트레이닝을 처음 시도할 땐 생소하게 느껴지거나 이미지가 잘 그려지지 않을 수도 있다. 반복해 연습하다 보면 자신이 원하는 이미지를 좀 더 뚜렷하고 쉽게 그릴 수 있다. 나중에는 별 노력 없이도 이미지와 느낌이 떠오른다. 이는 복잡한 생각의 굴레에서 벗어나 순간의 집중력을 높이는 데 도움이 된다.

긴장되는 중요한 순간을 앞두고 잠시라도 이미지 트레이닝을 해보길 권한다. 생각하는 훈련만으로 행동이 바뀐다는 사실이 놀랍고 재밌지 않은가? 그 효과가 궁금하다면 잠에서 깼을 때, 잠들기 직전이나 실전에 돌입하기 전에 이미지 트레이닝을 연습해보길 바란다. 좋은 생각과 가벼운 마음이 당신을 승리로 이끌 것이다.

언제 어디서나
긍정적으로 생각하라

긍정 정서란 어떤 상황에서도 '나는 즐겁고 행복하다'라고 주장하며 막연하게 긍정하는 게 아니다. 나쁜 상황에서도 역경을 딛고 일어설 희망을 품으며 해결책을 찾는 자세다. 정서는 유전적 기질과 성장 환경의 부산물이다. 만약 정서가 유전으로 타고난다고 해도 그 요소를 가만히 묵혀둘지, 자주 써서 큰 가능성으로 키워나갈지는 다른 문제다. 우리 뇌세포는 쓰는 만큼 늘어난다. 정서도 그렇다.

우리는 긍정 정서를 통해 같은 상황을 어떻게 받아들일지 선택할 수 있다. 탁구선수 A는 상대하기 힘들다고 알려진 유명 선수와 경기하게 됐다. 이때 A는 이 상황을 어떻게 받아들일까? A가 부정 정서 상태라면 이렇게 생각할 것이다. "나보다 월등히 뛰어난 선수인데…… 이번 경기는 정말 어려울 거야. 과연 저 선수를 이길 수 있을까? 처참한 점수 차로 지면 어떡하지?" 반면 긍정 정서 상태라면 이렇게 반응할 것이다. "실력 있는 선수와 경기하는 건 좋은 기회야. 이 경기에서 많은 걸 깨닫고 배울 수 있겠지. 만약 이긴다면 단숨에 유명해질지도 몰라!"

우리는 긍정 정서를 유지하거나 자주 접할 수 있도록 태도와 자세를 바꾸는 데 집중해야 한다. 긍정 정서는 사고를 유연하게 하고 창의성을 높여주기 때문이다. 어떻게 행동할지 정할 때도 능동적으로 다양한 가능성을 받아들이게 돕는다. 긍정 정서는 부정 정서를 없애는 강력한 무기다. 사람들은 대부분 실패에 대한 두려움 탓에 변화를 꺼린다. 변화를 생각할 때 '반드시 성공해야 한다'보다는 '실패해도 괜찮다. 이 또한 성공으로 가는 과정이다'라는 마음으로 다가가자. 다시 말하지만 생각은 행동을 바꿀 수 있다. 매번 실패하던 도전이라도 다른 생각으로 접근한다면 다른 결과가 나타날 것이다.

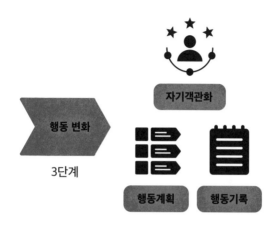

내일을 상상하는 일은 얼마나 중요한가

누구나 이미지 트레이닝이 중요하다는 걸 안다. 하지만 매일 조금씩 실천하며 생활에 녹여내기는 쉽지 않다. 그러니 아주 간단하고 쉽게 이미지 트레이닝을 일상에 적용하는 법을 알려주겠다. 매일 밤 자기 전이나 하루를 마칠 때 내일 할 일을 목록으로 써보자. 우리가 할 일을 자꾸만 미루고 새로운 습관을 들이기 힘들어하는 이유는 간단하다. 뇌는 좋은 것과 나쁜 것을 구분하지 않고 익숙한 쪽을 선호한다. 그러니 좋은 습관을 들이려면 뇌가 그 일에 익숙해지게끔 유도하면 된다. 뇌는 아주 똑똑하고 정교한 것 같지만, 때론 단순해서 상상과 생각만으로도 그 일을 경험했다고 착각한다. 먹방을 보면 침이 고이고, 배가 고프고, 위산이 분비되며 장기들이 움직인다. 이런 현상과 같은 원리다. 내일 할 일을 종이에 적는 과정에서는 그 일들을 상상하게 된다. 그러면 뇌는 조금씩 그 장면에 익숙해진다. 이런 익숙함은 종이에 적은 대로 내일 행동할 확률을 높여준다.

예를 들어 매일 책 읽는 습관을 들이고 싶다면 이미 책을 읽었다고 아주 자세하게 상상한다. 당신은 저녁 식사를 마치고 화장실로 들어간다. 칫솔을 꺼내 들고 치약을 짜서 양치하기 시작한다. 몇 분 후에는 입을 헹군다. 수건으로 물기를 닦아내고 화장실에서 나와 책이 있는 곳으로 걸어간다. 책을 집어 든다. 다른 손으로는 물을 끓이고 서랍에서 티백을 꺼내 찻잔에 넣는다. 끓는 물을 찻잔에 붓고 책과 함께 안락한 침대나 소파로 옮겨간다. 책의 첫 장을 펼친다. 무슨 내용이 이어질지 호기심을 갖고 미리 정한 쪽수만큼 읽는다. 다 읽었다면 책을 덮고 계획대로 해냈다는 만족감을 충분히 즐긴 다음 잠자리에 든다.

위 과정을 잘 따라오며 상상해봤는가? 상상이지만 만족감과 성취감, 안락함을 느꼈을 것이다. 뇌가 이미 이 장면을 경험했기에 내일 이렇게 행동할 확률이 올라간다. 오늘 미래를 상상한 덕에 내일은 하기 싫다는 저항을 쉽게 물리칠 것이다.

5
PART

SUMMARY

THE WINNING MENTALITY

- '목표 설정' 다음에는 '행동 변화'가 따라야 한다.

- 구체적으로 준비한 계획은 눈에 보이는 현실로 변한다.

- 목표를 아주 잘게 쪼갠 뒤 한 단계씩 차근차근 나아가자.

- 행동계획을 세웠다면 단계마다 10점 만점으로 평가하자.

- 매일 아침과 저녁에 한 줄이라도 일지를 쓰며 기록하자.

- 때때로 찾아오는 작은 행복을 기억하고 되살리자.

- 생생한 이미지 트레이닝으로 뇌를 속이고 실전을 준비하자.

- 모든 일에서 좋은 점을 찾고 긍정적으로 생각하자.

6
part

삶의 무기가 되는
멘탈코칭 4단계:
습관화

"당구선수로 복귀한 지 한 지 얼마 되지 않아 굉장히 불안한 상황에서 멘탈 코칭을 시작했다. 전에는 나 자신을 몰아세우고 압박하며 선수 생활을 이어 왔지만, 코칭을 통해 나를 있는 그대로 받아들이고 격려할 줄 아는 사람으로 성장했다. 덕분에 중요한 경기에서도 자신감 넘치게 몰입하며 승부를 이끌어갈 수 있었다."

차유람 선수
포켓볼 실내 무도 아시안게임 2회 우승

1

'피드백'이 없으면
우리 뇌는 잊는다

'이기는 멘탈'을 만드는
마지막 관문

지금까지 삶의 무기가 되는 멘탈코칭 3단계를 잘 거쳤다면 드디어 피드백하고 유지하는 마지막 단계에 들어섰다. 피드백은 지금 어디까지 왔는지, 올바른 방향으로 가고 있는지, 성취감과 만족감은 어떤지 확인하는 중요한 단계다.

모든 단계 중에서 가장 어렵기도 하다. 제3자인 심리코치와 피드백을 나눠도 좋지만 스스로 피드백하면 자기 자신을 객관적으로 바라보는 힘을 기를 수 있다. 마지막 단계에서 이뤄지는 '셀프 피드백'은 내가 코칭하는 모든 고객에게 바라는 최종 지점이기도 하다. 부모에게서 독립하고 스스로 길을 개척하는 과정이 중요하듯이, 심리코치에게서 독립해 혼자 힘으로 일어서는 것도 중요하다. 스스로 목표를 설계하고 과정을 즐기며 피드백하는 경험은 마음과 기억에 새겨진다. 자기 힘으로 길을 개척하면 지나온 길과 스스로에 대한 애정이 깊어지고 자존감도 높아지기 때문이다.

사람들은 일이 거의 끝나거나 습관이 몸에 배기 직전에도 포기하려는 유혹에 휩싸이곤 한다. 이성보다는 감정에 휘둘릴 때 이런 현상이 생긴다. 피드백은 이성적이고 객관적으로 자기 자신을 보는 시각을 기르는 과정이다. 꾸준한 피드백은 분석능력을 길러준다. 생각하는 힘을 기르고 그 힘을 자주 쓰면 피드백하며 점점 나아지는 습관에 익숙해지기 때문이다.

감정은 바람처럼 왔다가 이내 사라지곤 한다. 뭔가 이뤄낸 당시에는 "좋았어! 이 느낌이야"라고 느꼈을지라도 좋은 감정은 이내 사라지고 금세 나쁜 감정이 자리를 차지한다. "나는 도대체 왜 이러지?", "또 이 모양이네", "너무 힘들어서 못 하겠어"라며 말이다. 하지만 잠시 나쁜 감정에 빠지더라도 괜찮다. 피드백을 활용하면 뭔가 이루는 과정이 순간의 감정에 그치지 않고 사실적인 자료로 남는다. "어떻게 이런 성과를 냈을까?" 질문하고 분석한 내용이 소중한 자료가 되기 때문이다. "더 좋은 성과를 낼 수는 없었을까?"라고 질문하면 자책하는 게 아니라 실질적인 개선 방법을 고민하게 된다. 지금까지 거친 멘탈코칭 1, 2, 3, 4단계를 다시 밟아보자. 그러면 방법론은 더욱 완성도 높게 다듬어지고, 그 과정에서 새롭고 창의적인 방법이 나올 것이다. 피드백은 자기 자신을 다듬는 마지막 단계다. 이는 이기는 멘탈을 견고하게 단련하고 더욱 발전하도록 돕는 중요한 힘이다.

최연소 국가대표 신유빈,
피드백으로 성장한 새로운 챔피언

2024년 2월, 한국에서는 최초로 탁구 세계선수권 대회가 열렸다. 자국에서 열린 대회다 보니 많은 선수가 설렘을 느꼈고 더욱 긴장했다. 신유빈 선수도 마찬가지였다. 더 많은 관중이 가까운 곳에서 지켜보며 응원하리란 걸 알았기에 긴장을 늦출 수 없었다. 그러나 결과는 그리 좋지 않았다. 지금껏 수많은 경기에서 보여준 좋은 성적과 달리 뼈아픈 패배를 겪었다. 당시 신유빈 선수는 세계 랭킹 8위로 올라선 상황이었는데, 20~30위에 머무는 선수들에게 패하고 말았다. 사람들은 큰일이라며 뭐가 문제인지 묻고 걱정 어린 시선을 보냈다. 하지만 정작 당사자인 신유빈 선수는 전혀 신경 쓰지 않았고 멘탈도 굳건했다고 한다.

그 비결은 신유빈 선수의 높은 자존감과 유연성이다. 지금까지 연습하며 최선을 다한 자기 자신을 인정했다. 시선 또한 이번 경기에 그치지 않고 더욱 먼 곳을 바라봤다. 어느 경기에서나 잘할 수는 없고, 실전에서 발휘하는 실력은 연습 때보다 나아질 수도 떨어질 수도 있음을 유연하게 받아들였다. 또 지금까지 열심히 연습했으니 어느 순간 또다시 빛을 발하리라고 굳게 믿었다.

물론 시행착오도 있었다. 처음에는 관계자뿐만 아니라 모두가 만족하는 경기를 펼치려 했다. 하지만 이런 다짐이 긴장감을 불러와 경기에서 장점을 발휘하지 못했음을 알아차렸다. 곧바로 문제가 있다는 사실을 인정하고 상황을 객관적으로 돌아봤다. 며칠 동안 힘들었지만 이내 생각을 정리했다. "시합의 주체는 나고, 모든 책임도 내가 진다"라는 마음으로 결과와 상관없이 자기만의 경기를 펼쳤다. 할 수 있는 일을 다 했으니 후회는 남지 않는다고 했다. 이런 마음가짐 덕에 무엇을 해야 하는지, 어떻게 해야 더 나아질 수 있는지 명확한 진단을 내릴 수 있는 것이다.

신유빈 선수가 지닌 중요한 가치는 주체성, 배움, 성장이다. 이 가치에 따라 경기를 풀어나간다. 자기가 잘하는 모습, 부족한 모습을 있는 그대로 받아들이는 태도도 큰 강점이다. 자기 실력이 10점 만점에 5~6점인데도 만점을 바라다가 괜히 실망하는 경우가 많다. 하지만 신유빈 선수는 자기 실력이 8점이어도 언제든 4점이나 5점이 나올 수 있음을 안다. 그러니 나쁜 결과가 나와도 상처를 입거나 좌절하지 않는다. 강하고도 유연한 '이기는 멘탈'의 힘이다.

신유빈 선수 역시 처음에 자신감을 가지려 할 땐 부담스럽기만 하고 이게 옳은가 하는 의심이 생겼다고 한다. 하지만 자신의 모든 모습을 받아들임으로써 마음이 편해졌고, 지금 무엇을 해야 하는지도 명확해졌다고 했다. 그녀는 "지금 모습도 나야" 하고 아주 유연하게 받아들인다. 경기 결과를 토대로 자신을 판단하거나 평가하지 않고 더 멀리 바라보며 넓게 생각한다. 이토록 건강한 멘탈은 그날 몸 상태와 상황, 변수를 유연하게 받아들이고 자신을 객관적으로 분석하며 노력한 시간을 믿은 결과다.

운동선수뿐만 아니라 모두가 이런 태도를 품어야 한다. 실패했을 때 자책하는 게 아니라 상황을 제대로 인지하고 분석하는 자세가 필요하다. 그래야 다음 기회가 왔을 때 기량을 제대로 발휘할 수 있다.

당신은 이 책에서 앞선 코칭 과정을 거치며 목표를 정하고 실천하기 위해 노력하고 있을 것이다. 피드백할 내용을 1점부터 10점으로 수치화해 나누고 이번에 몇 점 정도 해냈는지 평가해보자. 가령 4점을 매겼다면 어떻게 0점에서 4점까지 올라왔는지 생각해본다. 4점까지 올라온 과정은 자신이 해낸 일이고 잘한 점이다. 다음으로는 목표를 이루는 데 필요한 점수나 원하는 점수를 써 보자. 가령 필요한 점수가 7점이라면 지금 도달한 4점에서 3점을 더 올려야 한다. 그렇다면 3점을 올리는 데 어떤 노력이 필요한지, 보완할 점은 무엇인지 구체적으로 파악해본다. 잘한 부분은 잘한 대로 꾸준히 발전시키고, 보완하거나 수정할 부분은 개선하며 피드백해보자. 그러면 이기는 멘탈과 성공하는 습관이 자연스레 따라온다.

2

몸과 마음은
함께 움직인다

잠재의식을 훈련하는
두 가지 방법

운동 애호가와 선수들 대부분은 육체 훈련에 치중하고, 정작 육체를 통제하며 관리하는 잠재의식 훈련은 소홀히 한다. 평소 우리가 보고 듣고 말하고 느끼는 모든 내외부 요소는 자신도 모르게 잠재의식 속에 쌓인다. 이렇게 쌓이고 만들어진 잠재의식은 위급한 상황이나 이성적으로 판단하기 힘들 때 불쑥 튀어나온다. 연습할 땐 잘되던 동작이 막상 중요한 순간에는 나오지 않는다면 잠재의식을 점검해야 한다.

우리 의식 상태는 네 가지 뇌파로 구분한다. 오감이 깨어나 이성적으로 판단할 수 있는 베타 영역, 잠재의식 또는 깊은 명상 상태인 알파 영역, 깊은 잠을 잘 때 나타나는 세타 영역, 무의식에 빠진 델타 영역이다. 그중 알파 영역에서 두뇌 활동이 활발해지고 지식과 정보가 잠재의식에 더욱 강하게 기억된다.

의식이 알파 영역에 머무르게 하려면 충분한 교육과 훈련이 필요하다. 내가 운동선수들을 코칭할 때 권하는 방법은 크게 두 가지다. 첫째는 매일 잠들기 직전과 일어난 직후에 연습하는 '이미지 트레이닝'이다. 잠들기 직전이나 일어난 직후, 점심 식사 후 나른한 상태일 때 뇌파는 알파 영역에 접근한다. 그 시간을 활용하는 방법이다. 그때 가장 기억에 남는 경기를 상상해보라고 권한다. 골프선수라면 가장 좋은 샷과 퍼팅을 하던 순간으로 되돌아간 것처럼 생생하게 말이다. 이렇게 반복하는 시뮬레이션으로 잠재의식을 단련함으로써 언제 어디서든 행동과 마음을 조절하는 강력한 무기를 얻을 수 있다.

다음 날 중요한 발표가 있다고 하자. 당신은 발표를 잘 준비하려고 다양한 상황을 예측하며 대비한다. 이때는 잠자기 직전과 일어난 직후에 발표를 잘 끝마친 모습을 상상한다. 무의식과 의식의 경계에 있는 그때, 원하는 상황을 상상하면 뇌는 실제 일어난 일처럼 인지한다. 이렇게 뇌에서 받아들인 간접 경험은 익숙한 느낌을 준다. 현실에서도 그 편안하고 익숙한 느낌이 이어진다. 물론 실제로 발표를 잘 끝마친 후에 찾아오는 느낌과 감정을 깊이 받아들이는 과정도 중요하다.

잠재의식을 다스리며 습관까지 개선하는 다른 방법도 있다. 내가 권하는 두 번째 잠재의식 훈련은 '감사 일기' 쓰기다. 미국의 긍정심리학자들은 참가자 411명을 대상으로 감사한 일 세 가지를 매일 적는 실험을 했다. 그러자 고작 일주일 만에 우울감과 불안감이 줄었고, 6개월 뒤 다시 측정했을 때도 행복감과 자신감이 꾸준히 늘고 있음을 확인했다.

감사 일기는 널리 알려진 자기계발 도구지만 막상 써보라고 하면 어떻게 해야 할지 몰라 당황하는 사람이 많다. 나는 오늘 하루 감사한 일이 있었다면 최대한 구체적으로 써보라고 권한다. 언제 어디에서 무슨 일이 있었고, 왜 감사하다는 마음이 들었는지 생각하고 기록하자. 그때 느낀 감정도 '감사하다'를 넘어 좀 더 자세히 써 본다. 적은 내용을 보면 그 장면과 감정이 생생히 떠오르게 말이다. 사람들에게 감사 일기를 써보라고 하면 다섯 줄, 열 줄씩 길게 적으면서도 형식에 그칠 때가 많다. 다시 읽어봐도 감흥이 살아나지 않는다. 그러니 최대한 길고 자세하게 적는다. 며칠 후에 다시 들여다봐도 같은 감정이 살아날 정도로 말이다.

이상 두 가지 방법은 잠재의식을 단련하는 도구로 자주 쓰인다. 첫 번째 '이미지 트레이닝'은 목표로 삼은 기술이나 행동을 구체화하는 데 적합하다. 두 번째 '감사 일기'는 먼 시점을 바라보는 계획에서 평정심을 유지하는 데 유용하다. 두 도구를 잘 활용해 행동을 습관으로 굳히는 데 힘써보자.

적극적인 사고로
바꿔라

유연성은 우리 삶에서 계획과 목표만큼 중요한 요소다.

유연성이란 다르게 말하면 긍정적인 태도를 품는 것이다. 막연한 낙천주의와는 다르다. 막연한 낙천주의는 상황을 제대로 파악하지도 않고 아무 근거 없이 "잘될 거야"라고 믿으며 무턱대고 전진하는 것에 불과하다. 막연한 낙천주의는 부정적인 상황이나 감정을 받아들이지 않으려 피한다. 고민하고 생각해야 하는 상황에서 벗어나려고 실제 상황을 외면한다.

긍정심리학에서 말하는 긍정은 무조건 좋은 쪽으로만 생각하는 게 아니다. '긍정'은 좋은 상황에서는 좋은 점을 극대화하고, 나쁜 상황이 닥치면 문제를 극복하고 해결하는 힘이다. 긍정적인 태도를 가진 사람은 자기 자신에게 한계를 두지 않는다. 상황이 최악으로 치닫더라도 포기하지 않고 생각한다. 이 문제를 어떻게 해결할지, 해결할 자신이 있는지, 끝까지 해낼 의지가 있는지 말이다.

긍정적인 태도에서 나아가 적극적인 사고로 바꾸는 과정도 필요하다. '적극적인 사고'란 생각으로 정리한 내용을 실천해 현실로 만들어내는 과정을 뜻한다. 우리는 지금 행동을 습관으로 만드는 마지막 단계에 와 있다. 행동을 끝까지 밀고 나아가려면 이런 적극적인 사고가 중요하다.

이때 적극적인 사고를 뒷받침하는 힘은 바로 체력이다. 체력이 뒷받침돼야 뭐든 해낼 수 있는 에너지가 생긴다. 따라서 체력을 키우는 건 누구에게나 중요한 일이다. 정신과 육체는 유기적으로 이어진다. 스트레스를 많이 받으면 몸이 아픈 것도 이 때문이다. 반대로 몸이 건강하면 스트레스 상황에서도 잘 견디는 강한 멘탈이 생긴다.

지구력을 높여주는
달리기의 기적

2만 년 전 인류의 뇌는 지금보다 훨씬 컸다고 한다. 그 이유는 활동량에 있다. 원시시대에는 모든 활동이 신체와 연결됐다. 사냥하고 채집하고 농사지으며 행동 하나하나에 생사가 걸린 생활을 했다. 그런데 현대 인류에 와서는 뇌 크기가 2만 년 전보다 15퍼센트나 줄어들었다. 하지만 민감도는 훨씬 높아져 자극받으면 쉽게 예민해지고, 스트레스를 견딜 힘은 줄어들었다. 따라서 스트레스에 저항하고 멘탈을 단련하려면 예전 인류처럼 몸을 많이 쓰면서 뇌를 활성화할 필요가 있다. 활성화된 사고를 확장하고 긍정적으로 생각하면 신체에도 영향이 미친다.

코칭을 받으러 오는 고객들을 살펴보면 운동선수, 직장인, 학생 등 직종과 무관하게 극심한 스트레스를 받거나 우울증을 겪는 등 예민한 상태인 경우가 많다. 그들이 극도로 스트레스를 받고 감정적으로 어려움을 겪는 이유가 뭔지 통계를 살펴보니 각자 개인적인 이유와 더불어 건강 상태도 나쁜 경우가 많았다. 그래서 코칭 과정에서는 식단을 관리하고 개인에게 맞는 효율적인 운동법을 찾아 함께 실천하게끔 돕는다.

권하는 종목은 사람마다 다르다. 먼저 고객이 어떤 경험을 쌓았는지, 어떤 운동을 좋아하는지 살펴본다. 운동 경험이 없다면 관심 가는 종목이 있는지 묻고 당장 도전할 만한지 들여다본다. 어느 정도 운동이 몸에 익고 새로운 종목에 관심이 생기면 또 다른 운동도 권한다.

주로 권하는 운동은 달리기다. 달리기는 코칭에서 가장 많이 쓰는 운동법이다. 누구나 쉽게 아무 준비 없이 바로 시작할 수 있기 때문이다. 처음에는 아침에 10분 달리기부터 도전한다. 10분이라고 하면 일상에서는 짧게 느껴질 수 있지만, 달리기에 익숙하지 않은 입장에서는 상당히 길다. 그렇게 일주일이 지나면 5분 더, 다시 일주일이 지나면 5분 더 하는 식으로 시간을 점차 늘린다. 버거워 보일 수도 있겠지만 우리 몸은 늘어나는 운동량에 생각보다 빠르게 적응한다. 얼마 지나지 않아 스스로 운동 시간과 강도를 조절하는 수준에 도달하게 된다.

달리기가 좋은 또 다른 이유는 지구력을 높여주기 때문이다. 유산소 운동으로 지구력과 폐활량이 좋아지면 면역력도 강해진다. 또 지구력은 무언가를 오랫동안 유지할 인내심을 키워준다. 이렇게 체력이 좋아지고 건강해지면 자연히 새로운 도전에 대한 욕구가 생긴다.

체력은 모든 것을 가능케 하는 혁명의 자산이다. 인생에서 변화를 도모하는 시도 자체가 혁명을 일으키는 일이다. 하지 않던 운동을 시작하고, 노력을 통해 성취감도 얻는다. 우리는 그렇게 얻은 힘을 다시 새로운 도전을 위해, 더 발전하기 위해 쏟아붓는다. 정신과 육체는 언제나 함께 움직인다. 몸이 아픈데 마음이 건강할 수는 없다. 그래서 멘탈이 약한 사람에게는 운동을 꼭 권한다.

뭐든 시작이 어렵다. 고백하자면 나 역시 꾸준히 운동한지 3년 정도다. 그전에는 3개월 하다가 그만두고, 다시 시작했다가 또 금방 그만두길 반복했다. 체력과 습관이 생기기 전에 멈춰선 것이다. 이렇게 1년이 넘어가자 생각이 바뀌었다. 그전에는 몸이 아프거나 피곤하면 운동을 걸렀다. 그런 날은 운동하면 안 된다고 생각했다. 그런데 습관이 생기고 체력이 붙자 오히려 운동을 해야 피로가 풀렸다. 변화가 느껴졌고, 그래서 더 열심히 운동했다. 몸과 마음은 하나인 만큼 함께 관리해야 한다. 이 중요한 사실을 깨닫기까지 40년이 걸렸다. 이제 나는 운동 3년 차다. 너무 오래 걸렸지만 이제라도 배웠으니 다행이다. 다시 한 번 강조하건대 건강한 멘탈은 건강한 육체와 함께한다.

3

'나쁜 습관'이
이미 굳어졌다면

사람들은 자기가 처한 문제에 관심이 많다. 문제를 해결하기 위해 자기계발서도 읽고 강연도 찾아 듣는 등 큰 노력을 기울인다. 하지만 많은 사람이 문제가 생각처럼 개선되지 않는다고 하소연한다. 그들이 놓치는 점이 하나 있다. 다양한 문제가 이미 '습관'이 됐다는 점이다. 단기적인 문제라면 알아차렸을 때 쉽게 바꿀 수 있어야 하고, 다시 같은 문제가 생기지 않아야 한다. 하지만 실수가 반복되거나 매번 같은 이유로 갈등이 생긴다면 그 문제가 이미 습관이 된 게 아닌지 살펴봐야 한다.

이 과정이 제대로 이뤄지지 않으면 문제가 되풀이되는 걸 자기 탓으로 돌리게 된다. '대체 왜 같은 실수를 반복하는 걸까? 나는 문제가 많은 사람이야. 이런 문제조차 극복할 능력이 없어'라고 단정해버린다. 누구나 불안감을 느낄 수 있다. 하지만 이때 부정적인 기억이 너무 강력하게 남으면 그 상황 자체에 부정적인 인식이 각인된다. 그래서 조금이라도 비슷한 상황에 놓일 때마다 습관처럼 불안 증상이 나타나는 것이다.

내 안의
부정적인 틀 깨기

습관에는 방향이 없다. 좋은 쪽으로든 나쁜 쪽으로든 습관이 들 수 있다. 습관이라고 하면 행동에 대한 습관을 떠올리기 쉬운데, 우리 생각도 습관의 연속이다. 그래서 수많은 습관이 모여 그 사람을 나타낸다고도 한다. 안타까운 사실은 부정적인 생각과 기억은 더 크게, 오래 남는다는 것이다. 우리는 부정적인 상황은 크게 해석하고, 긍정적인 기억이나 상황은 당연시하며 넘기는 경우가 많다. 긍정적인 일을 대수롭지 않게 여기는 태도는 자존감 문제와 이어지기도 한다. 반대로 긍정적인 경험과 상황을 의미 있게 기억한다면 그것만으로도 자존감을 높일 수 있다.

긍정적인 기억을 떠올리는 일은 매우 중요하다. 자주 떠올리는 도구를 많이 쓸까? 잘 떠올리지 않는 도구를 많이 쓸까? 아주 간단한 질문이다. 당신이 자주 떠올리는 생각은 무엇인지, 지금 어떤 방향으로 움직이며 살아가는지 생각해보자. 부정적인 사건을 기억하고 반복하지 않도록 주의하자.

긍정적인 상황이나 감정, 기억을 떠올리고 그와 비슷한 상황을 만들어야 성장을 위한 도구로 쓸 수 있다. 앞서 언급한 감사 일기나 감정 일기를 쓰는 건 좋은 일을 기억하고 좋은 생각과 감정을 만드는 습관을 기르기 위해서다.

그런데 습관을 만드는 과정에는 우리를 가로막는 큰 틀이 있다. 바로 '나는 이런 사람이야'라고 정의하며 자기 자신을 가두는 것이다. 이는 자신의 존재나 특성을 파악한 게 아니다. 예를 들어 "나는 항상 전교 50등 안에 드는 사람이야"라고 정의한 학생은 학업에 임하는 내내 그 틀에 갇혀 지낼 수도 있다. 자기만의 감옥을 만든 셈이다.

앞에서도 소개했듯이 더 좋은 성적을 낼 능력이 있고 열심히 노력하는데도 늘 20~30위권에 머무는 선수가 있었다. 이 선수는 누구보다 열심히 했고 연습 결과도 좋았는데 좀처럼 성적이 오르지 않았다. 이 선수의 바람은 '우승'이었다. 그러나 성적이 반짝 올랐다가도 이내 제자리를 찾는 것처럼 20~30위권으로 돌아오곤 했다.

꼬리에 꼬리를 무는 질문들에 답하고 감정들을 살펴본 결과, 우승을 원하기는 하지만 자기 한계는 20~30위권이라는 생각이 강하다는 사실을 발견했다. 우리는 이렇게 강력한 틀이 있었음을 깨닫고 인정한 뒤 생각하는 습관을 바꿔보기로 했다. "나는 어느 위치에도 갈 수 있고, 그런 미래를 두려워하지 않아도 된다"라고 말이다.

실제로 위로 올라가기도, 아래로 떨어지기도 두려운 상태에 놓인 사람이 많다. 위로 올라가면 좋기만 할 것 같지만 그렇지도 않다. 올라가기 위한 노력, 책임감, 다시 떨어질 수도 있다는 두려움 등 여러 장애물이 있다. 한편 순위나 위치가 떨어지는 것도 두려워 고군분투하며 자리를 지켜내기도 한다. 하지만 그런 상태라면 자기가 원하는 결승선을 밟기는커녕 항상 제자리걸음일 것이다.

우리는 생각의 틀에서 벗어나 때로는 성적이나 실적이 떨어질 수 있음을 인정해야 한다. 올라서는 과정에도 무한한 변수가 있음을 알아야 한다. 습관을 바꾸는 첫걸음이다. 힘들 것 같다는 핑계로, 피곤하고 귀찮을 것 같다는 생각으로 자기만의 틀에 갇혀 있는 건 아닌지 되돌아보자. 그리고 반드시 그 틀을 벗어던지길 바란다.

작은 성취감을
차곡차곡 쌓아라

습관을 바꾸려면 적절한 보상이 주어져야 한다. 성취감과 만족감이 있어야 기쁜 마음으로 행동을 이어갈 수 있다. 습관을 바꾸려고 거창한 계획을 세우거나 극단적인 방법을 쓰면 오히려 후폭풍이 생긴다. 다이어트를 한다며 무턱대고 굶다가 병을 얻거나 요요현상이 일어나는 상황과 비슷하다. 소소한 경험과 작은 만족감이야말로 장차 큰 잠재력을 키우는 데 중요한 씨앗이 된다.

자기가 할 수 있는 아주 현실적인 방법을 고려해 익숙해
질 때까지 연습하고 노력해보자. 계속 강조하지만 우선 기
간을 정해놓고 해야 할 일을 단계별로 나눠보자. 10단계 정
도로 나누면 그리 어렵지도 않고 도전할 만한 과제가 될 수
있다. 필요하다면 단계를 더 잘게 나눠도 좋다. 정말 쉬운 과
제가 될 때까지 나눈 후 작은 성공을 반복하자. 자주 만족할
수 있는 장치를 마련하는 게 중요하다. 그 행동을 하도록 돕
는 신호나 방아쇠를 만들어도 좋다. 초기에는 알람, 장소, 환
경 등을 조성하는 방법을 추천한다.

좋은 습관이라는
씨앗을 심을 것

나쁜 습관이 자리 잡으면 관성을 깨기 어렵다. 특정 상황
을 만나면 매번 실수가 생기기도 한다. 의식하지 않아도 행
동이 먼저 나오기 때문이다. 그 상황에 다가가면 같은 느낌
과 생각이 떠오른다. 이게 바로 실패하는 습관이다. 굳은 습

관을 깨자. 실수가 나오거나 부정적인 생각이 들면 누구나 불편함을 느낀다. 그러면 그 불편한 마음에서 어떻게 빠져나올지 생각해봐야 한다. 부정적인 대상을 억지로 밀어내거나 피하려고 애쓰지 말자. 그럴수록 더 빠져들기에 십상이기 때문이다. 그럴 땐 그대로 내버려두고 다른 일부터 생각하자. 긍정적인 생각으로 넘어가려면 어떻게 해야 할지 고민하자.

사람들은 대개 나쁜 습관을 '고친다'라고 생각한다. 그게 아니다. 나쁜 습관은 내버려두고 좋은 습관을 새로 만드는 데 초점을 두자. 나쁜 습관이 자꾸 튀어나오는 건 그 상황에 초점이 머무르기 때문이다. 그러면 자기도 모르게 나쁜 일만 생각하게 된다. 아주 작더라도 좋은 습관으로 이어질 씨앗을 찾고 관점을 그리로 옮겨야 한다. 다시 말해 좋은 습관의 씨앗을 조금씩 키우는 것이다.

나쁜 습관의 크기가 10이라고 할 때, 좋은 습관을 1에서 100까지 키우면 나쁜 습관이 10에 머물더라도 좋은 습관이 압도한다. 이렇게 나쁜 습관이 좋은 습관에 가려지면 자연스럽게 잊힌다.

사람을 '뜯어고칠' 순 없다. 올바른 방법도 아니다. 그래서는 스스로 구석에 들어가 힘겨운 싸움을 벌이는 셈이다. 이래선 '지금처럼 살래!' 하고 지레 포기하게 된다. 나쁜 습관을 고치려고 분투하고 있다면 좋은 습관을 새로 만들고 나쁜 습관이 파묻혀 사라질 만큼 키우길 권한다.

예를 들어 운전대만 잡으면 화가 많아지는 사람이 있다. 이유야 어쨌든 나쁜 습관이다. 나쁜 습관을 고치는 데 집중하면 '끼어드는 차 때문에 화내지 말자'라고 생각하게 된다. 반대로 좋은 습관으로 압도한다면 '끼어드는 차가 보이면 내가 양보해줘야지'라고 생각한다. 그러면 분노는 자연스레 사라진다.

나 역시 평소 운전을 자주 하는 편이다. 하지만 다른 차 때문에 화가 난 적은 없다. 내겐 운전하면서 즐거웠던 기억이 훨씬 많다. 차는 나만의 공간이고, 신나는 음악과 향기로운 방향제처럼 좋아하는 요소로 가득하다. 차라는 공간에 대한 좋은 기억과 인상을 마음에 심어보자.

그래도 화가 난다면 억지로 참거나 누르지 말자. 감정을 가두면 결국엔 터진다. 나쁜 감정은 점잖게 내보내자. '나는 내 차를 마음대로 다룰 수 있고, 감정 역시 조절할 수 있다'라고 생각하자. 분노를 버리고 도로 위를 '좋은 공간'으로 바꾸자. 이렇게 이어가며 좋은 습관으로 자라날 씨앗을 일상 곳곳에 심으면 된다. 그러면 어느새 긍정의 에너지가 당신의 마음을 가득 채울 것이다.

4

'자극'과 '스트레스'가
가득할 때

강한 자극에서
벗어나라

행동 변화 단계에서는 새로운 일을 시도하면서 자극을 받는다. 변화가 어느 정도 습관이 되고 익숙해진 후에는 자극이 없는 상태에서도 습관을 유지할 힘을 키워야 한다. 강한 자극을 좋아하는 요즘 사람들은 자극이 없는 상태를 견디지 못한다. 현대사회에는 너무나 많은 자극이 여기저기 깔려 있기 때문이다. 영상 콘텐츠, SNS 등 1분 1초도 쉬지 않고 온갖 자극을 받는다.

도파민은 동기를 부여하고 추진력을 일으켜 일상에 활력을 불어넣는 좋은 호르몬이다. 하지만 과해지면 강한 자극에 익숙해지고 만다. 매운 음식을 자주 먹으면 점점 더 맵고 자극적인 맛을 찾게 되듯이 말이다. 도파민 중독은 멘탈 건강에 큰 영향을 미친다. 자기 의지대로 행동하지 못하고 쾌락에 끌려다니게 만들기 때문이다. 따라서 삶의 여유를 찾고 흔들리지 않는 멘탈을 만들려면 과도한 자극에서 벗어나야 한다.

맑고 건강한 멘탈을 되찾으려는 사람들은 도파민 디톡스, 도파민 끊기에 관심을 둔다. 일상에서 가장 쉽게, 자주 자극을 주는 스마트폰을 멀리 떨어뜨리고 정신적 해독에 도전한다. 일주일간 스마트폰 없이 살아보기, 한 달간 SNS 하지 않기 등을 시도하면 처음에는 어색하고 허전하다. 하지만 그 시간을 거치면 삶에서 자극을 덜어내도 정신적으로 충분히 풍요로울 수 있음을 알게 된다. 그러니 우선 스마트폰을 끄자. 끌 수 없다면 들여다보는 시간을 조금이라도 줄이자.

SNS와 웹사이트에서 짧은 쾌락을 찾아다니기보다는 업무나 자기계발에 도움이 되는 내용을 살펴보자. 도파민 자체는 나쁘지 않다. 어떻게 다루는지가 관건이다. 지나친 자극에 중독됐다는 사실을 스스로 알아차려야 한다.

하지만 스마트폰 사용을 줄이더라도 현대사회엔 지나친 자극이 즐비하다. 우리는 온갖 자극에 자연스레 노출된다. 자극에서 완전히 벗어나 생활하기가 어려우니 자기만의 휴식법을 찾아야 한다. 자극을 줄이는 과정을 거쳐 일상에서 여유를 찾아야 한다. 명상 등으로 시간에 공백을 만들어주는 이유는 자극이 적은 빈 시간이 삶에 여유를 주고, 강한 자극에 익숙해진 감각을 편안하게 풀어주기 때문이다. 우리는 자극에 무뎌질 필요가 있다.

나는 유튜브와 SNS를 늦게 접했다. 일 때문에 스마트폰을 들여다볼 시간이 많지 않았다. 그런데 코로나19가 시작되면서 집에 있는 시간이 길어지자 여유가 생기면서 스마트폰을 보는 시간이 늘었다. 이때부터 OTT와 유튜브의 재미를 배우기 시작했다. 그러다 드라마 중독자가 됐다. 매일 밤 드라마 한 편을 보고 나서야 잠들었다. 나중에는 재미로 즐기는 수준을 넘어서 관심 없는 내용이라도 일단 틀어두게 됐다. 유튜브 역시 처음엔 궁금한 내용을 찾아보려고 시작했지만 나중에는 아무 목적 없이 온갖 영상을 봤다.

12시에는 자야 하는 상황인데도 스마트폰을 보면 오히려 정신이 또렷해졌다. 그렇게 정신없이 놀다 보면 금세 새벽 한두 시가 넘어갔다. 다음 날 종일 피곤하고 후회가 밀려왔다. 드라마가 뭐라고 그토록 열심히 봤을까? 무의미한 시간을 보내고 자책하고도 그날 밤 또다시 드라마를 찾아봤다.

그제야 심각한 중독 상태라는 자가 진단을 내리고 다른 취미를 찾아야겠다고 결심했다. 나는 드라마를 보는 대신 책을 읽기 시작했다. 기간은 딱 일주일. 일주일 동안만 드라마 볼 시간에 책을 읽고 상태가 어떻게 변하는지 살펴보기로 했다. 어려운 책을 억지로 읽기보다는 관심이 가고 재밌는 책을 한 장이라도 더 읽다가 잠들었다. 책 내용을 낭독해 주는 영상이나 음성을 틀어놓고 자기도 했다. 나중에는 더 빨리, 더 깊게 잠들었다. 그러면 기분 좋은 아침을 맞이할 수 있었다. 다음 날 다시 도전할 힘이 났다. 그렇게 조금씩 바뀌나갔다.

자신이 자극에 중독됐는지 알아차리기 어렵다면 이 방법을 써보자. 잠시 시간을 내 오늘 하루 어떤 행동을 했는지

쪽 적어보는 것이다. 그러면 의미 없는 행동들이 눈에 들어온다. 목록에서 불필요한 행동을 하나씩 줄이다 보면 삶에 꼭 필요한 일만 남는다. 노력이 필요한 일이다.

스트레스를
역이용하는 법

멘탈과 스트레스는 연관이 깊다. 나를 찾아오는 많은 고객이 스트레스 탓에 골머리를 앓는다. 하지만 스트레스란 일반적인 인식처럼 꼭 부정적인 것만은 아니다. 스트레스는 오히려 동기를 부여하고 약한 긴장 상태를 만들어 스스로를 점검하게 해준다. 앞서 말한 무조건적인 낙천주의를 판별하는 것도 스트레스가 갖는 긍정적인 기능이라고 할 수 있다.

스트레스는 크게 두 가지로 구분한다. '유스트레스Eustress'라는 좋은 스트레스가 있고, '디스트레스Distress'라는 나쁜 스트레스가 있다. 디스트레스는 신체적, 감정적 고통을 동반하며 다양한 질환을 일으키기도 한다. 미국의 존스홉킨스 암 센터에서는 암 환자 3명 중 1명이 디스트레스 문제를 겪는다고 밝혔다. 그러니 지금 스트레스를 받고 있다면 유스트레스인지 디스트레스인지 구분할 줄 알아야 한다.

유스트레스 상태일 땐 스트레스를 스스로 조절할 수 있다. 하지만 정도가 심각해져 디스트레스 상태가 되면 조절하지 못할 정도로 마음이 불안정해진다. 이럴 땐 여러 방법으로 스트레스 정도를 떨어뜨려 유스트레스로 바꾸는 게 좋다. 나는 그 방법으로 Part 2에서 소개한 '휴식 목록'을 활용한다. 나만의 '기분 좋은 일 목록'을 하나씩 늘리는 것이다.

나는 샤워를 좋아한다. 나쁜 일이 생겨도 샤워하면 기분이 훨씬 나아진다. 입욕제를 챙겨 20~30분씩 목욕하기도 한다. 아무 목적 없이 편하게 누워서 음악을 들으며 가만히 쉰다. 잡념이 들면 떨치려고 애쓰는 대신 '내가 지금 이런 생각을 하는구나' 하고 제3자처럼 한 발짝 뒤에서 바라본다. 음악을 들으며 운전하는 것도 좋다. 집에 와서도 쉰다는 느낌이 들지 않으면 몇 시가 됐든 일단 밖에 나가 30분이고 한 시간이고 달린다. 강아지와 함께 맑은 공기를 쐬며 걷는다. 이러면 기분이 좋아진다는 사실을 안다.

좋은 줄 알면서도 귀찮아서 실천하지 못하는 일이 많다. 하지만 한 번이라도 책을 읽거나 주변인들이 추천하는 일을 해보고 기분이 어떻게 변하는지 느껴봐야 한다. 그러면 '기분 좋은 일 목록'이 또 한 줄 늘어난다. 목록을 적어두고 기분이 나쁠 때마다 간식을 꺼내먹듯 하나씩 해본다. 목록이 길어질수록 부자가 된 듯 기분이 좋아진다.

무슨 일을 해야 기분이 좋아지는지 모르겠다면 일상을 주의 깊게 들여다보자. 오늘 하루 뭘 할 때 기분이 조금이라도 바뀌었는지 생각해보면 자기가 뭘 좋아하는지 새삼 깨닫게 된다. 긴 목록을 만든 사람은 힘이 넘치고 과감하게 실천한다. 쉴 때도 알차게 잘 쉰다. 스트레스와 나쁜 감정에서 빠져나올 방법이 많은 덕이다.

현대인은 무기력에 빠지기 쉽다. 바쁘게 일할 땐 물론이고 집에 들어와서도 기쁨이나 즐거움을 찾기 어렵다. 그럴수록 새로운 취미나 좋아하는 일을 찾아야 한다. 무기력과 스트레스는 자기 자신을 돌보지 않을 때 생긴다. 자기 자신을 돌볼 줄 알아야 행복이 찾아온다. 내 '기분 좋은 일 목록'은 처음에 서너 개로 시작해 매년 한두 개씩 늘었다. 이제 스무 줄을 거뜬히 채운다.

아주 사소한 일이라도 좋다. 나는 아침마다 좋아하는 원두로 커피를 내리고 텀블러에 가득 담아 출근한다. 커피를 내리려고 기계를 돌릴 때 기분이 아주 좋다. 버튼 하나만 누르면 행복해진다니, 좋은 습관이지 않은가? 사무실 근처에는 좋아하는 빵집이 있어서 종종 쿠키를 사 먹는다. 출근하는 날에는 쿠키를 먹을 수 있어 기분이 좋다. 이 모든 게 목록에 들어간다. 아주 쉽고 매일 되풀이하는 일이다. 누구나 할 수 있다. 이렇게 작은 일들이 디스트레스를 유스트레스로 바꿔준다.

자기 경험을 토대로 이 두 가지 스트레스 유형을 구분할 수 있다. 어떨 땐 스트레스를 받으면서도 오히려 그 덕에 문제를 빠르게 해결했을지 모른다. 또 어떨 땐 스트레스 탓에 위경련이 생기거나 몸이 자꾸 아파 병원에 드나들었을 수도 있다. 스트레스 상황에 놓였다면 스트레스는 무조건 나쁘고 힘든 거라고 생각하기보다는 자기가 스트레스를 어느 정도나 감당할 수 있는지, 어떤 스트레스가 오히려 긍정적인 기능을 하는지 확인해봐야 한다.

만약 디스트레스 탓에 몸이 아프고 이상 증세가 나타난다면 이를 해소할 방법들을 찾아야 한다. 몸이 아픈 건 지금 극심한 스트레스로 힘든 상황이니 잠시 쉬라는 신호다. 그 신호를 알아차렸을 땐 즉각 스트레스 해소에 힘써야 한다.

자기만의 스트레스 해소법을 하나쯤은 준비해두자. 불안감을 가라앉히기 위해 명상 같은 방법을 활용할 수도 있다. 꼭 몸이 아프거나 스트레스를 받을 때만이 아니라, 일상에서 틈틈이 자기만의 방법으로 스트레스를 흘려보내는 시간을 갖는 게 좋다.

어떻게 불안을
극복할 것인가

스트레스만큼이나 많은 사람이 토로하는 부정적 감정은 바로 '불안'이다. 실제로 코칭 상황에서 불안을 겪는 고객을 자주 마주한다. 불안을 불러오는 요소로는 과거에 겪은 나쁜 일이 재현되지 않을까 하는 걱정, 지금 하는 일이 잘못되지 않을까 하는 걱정 등 여러 가지가 있다. 그중에서도 미래에 대한 걱정이 가장 큰 축을 차지한다. 그러나 미래는 어찌할 수 없는 부분이고, 경험하지 않았기 때문에 명확하게 예측하기 어렵다. 그런 불안을 느낄 때면 스스로 질문하고 답해보자. "내가 지금 불안한 이유는 뭔가?", "어떤 결과를 예측하거나 원하는가?", "원하는 지점에 도달하려면 무엇이 필요한가?", "지금 실천할 수 있는 최선의 방법은 무엇인가?", "과감히 도전하거나 감수해야 할 점은 무엇인가?", "지금 당장 무엇에 집중해야 하는가?"

위 질문들은 관점의 변화를 불러온다. 미래로 치우친 초점과 에너지를 현재로 돌려놓는다. 현재를 묵묵히 견디고 지켜내야 불필요한 감정에 힘을 낭비하지 않는다. 몰입한 현재가 모여 미래가 만들어진다는 사실을 기억해야 한다.

미래에 대한 적당한 불안은 자신을 채찍질하고 동기를 부여한다. 부족한 부분을 채우거나 더욱 업그레이드하게 돕기도 한다. 하지만 에너지가 과도하게 들어가면 정작 미래를 만들어가는 현재에 집중하기 힘들고, 일을 그르치기도 한다. 사람들은 열 번 중 아홉 번 실패를 겪으면 한 번 성공한 기억은 떠올리지 못한다. 그리고 자기는 '아무것도 못 하는 사람', '해낼 수 없는 사람'이라 낙인을 찍고 희망을 잃어버린다. 하지만 열 번 중에서 성공한 한 번을 기억하는 사람은 희망을 잃지 않고 성공을 재현하려 노력한다. 그 노력은 두 번째, 세 번째, 네 번째 성공을 불러온다. 결국 원하는 결과에 도달할 수 있다.

5

넘어져도 다시 일어서는
'건강한 멘탈'

완벽이라는
허상을 버려라

책을 시작하며 강한 멘탈이란 '어떤 상황에도 유연하게 대처하는 삶의 태도'라고 했다. '이기는 멘탈'이란 실패하지 않는 게 아니라 실패하더라도 다시 일어서는 힘이다. 그래서 멘탈을 무너뜨리는 첫 번째 함정으로 '완벽주의'를 살펴봤다. 뭔가 준비하는 과정에서 완벽해야 한다는 강박을 버려야 한다. 습관화 단계에서도 마찬가지다. 노력할 만큼 노력하며 철저히 준비했다고 생각하면 실전에 돌입해 실수가 나왔을 때 받아들이기 어렵다. 완벽하게 준비했다고 믿었기에 더 크게 좌절할 수밖에 없다.

중요한 일을 앞둔 사람이나 큰 경기를 준비하는 운동선수가 자주 겪는 일이다. 하지만 준비는 준비, 실전은 실전이다. 실전에서는 어떤 일도 일어날 수 있고, 준비할 때와는 또 다른 많은 것을 배우게 된다. 실전에 들어가는 순간 우리 호르몬과 멘탈은 준비할 때와 다르게 작동한다. 그러니 준비하는 과정이 완벽했다 하더라도 실전에서 재현하는 과정은 기대와 다르게 흘러갈 수 있다.

준비 과정에서도, 실전에서도 잘 연습하고 익히려면 '피드백'이 필요하다. '지금 익힌 기술은 어느 수준까지 왔는가?', '원하는 점수에 도달했는가?', '원하는 점수를 내는 데 필요한 건 무엇인가?', '주변 환경은 어떤가?', '변수가 있다면 어떻게 해결하고 감수할 것인가?' 준비 과정에서 충분히 익혔더라도 실전에서 더 배우게 된다. 준비든 실전이든 과정일 뿐이다. 우리는 연습할 때 더 완벽하게 하려고 한 가지 행동을 무한히 반복하기도 한다. 물론 기초 훈련에 꼭 필요한 과정이다. 하지만 기초가 어느 정도 마무리됐다면 다음으로 실전에 대한 감을 키워야 한다.

여러 골프선수가 나를 찾아와 연습장에서는 잘되던 샷인데 필드에만 나가면 맞지 않는다고 호소한다. 그런데 이상하게도 두 번째로 시도할 땐 잘 된다고 한다. 나는 어느 정도 기술이 안정됐다면 아무리 연습이라도 공을 한 자리에서 여러 번 치지 말라고 권한다. 실제 경기처럼 딱 한 번만 치고 다음으로 넘어가라고 제안한다. 기회를 무제한으로 두고 연습하면 첫 번째는 실패하고 두 번째에 성공하는 게 습관이 될 수 있기 때문이다.

이 피드백에 따라 한 번만 치고 다음 공으로 넘어갈 때 집중력이 올라갔다는 후기가 많다. 실수한 점은 다음 기회에 집중해 고치면 부진한 부분을 분석하기 쉽고, 잘된 점에 대한 기억도 또렷해진다. 연습이든 실전이든 완벽한 결과는 중요치 않다. 피드백을 통해 자기 상태를 똑바로 점검하는 게 훨씬 중요하다. 처음부터 완벽하게 하겠다는 욕심을 낼 게 아니라 천천히, 단단하게 기반을 쌓는 과정이 훨씬 중요하다는 사실을 알아야 한다.

아주 작은
성공의 힘

우리는 목표를 행동으로 바꾸고 습관화하는 마지막 단계에 와 있다. 이 단계에서는 처음부터 과도하게 높은 목표를 세우고 실천하지 못해 지레 포기하는 사람이 많다. 목표는 훌륭했을지 몰라도 습관으로 만들지 못하고 괜한 좌절을 겪는다. "나는 역시 안 되는 사람이야.", "나는 너무 게을러." 이렇게 자책하고 만다. 목표를 세울 땐 적절한 기준을 잡는 게 중요하다. 기준을 잡으려면 자기가 그 시간에 얼마나 해낼 수 있는지 제대로 평가해야 한다. "이번 주에 영단어를 1,000개 외울 거야!" 이런 건 헛된 목표다. "영단어를 1시간에 30개 정도 외워보니 적당하더라.", "매일 30분은 집중할 수 있겠더라"가 적절하다.

목표를 세울 땐 연간, 월간, 주간, 일간 계획으로 나눈다. 계획을 세분화하는 작업은 그만큼 중요하기에 수없이 언급한다. 기간이 한 달이라면 매일 10분, 20분이라도 꾸준히 실천할 수 있는 행동계획을 세운다. 다시 일, 주, 월, 연 단위로 평가하고 점검한다. "일주일간 매일 과제를 수행했는가?",

"어떤 점에서 성공했고 또 실패했는가?", "기간을 좀 더 늘려도 되겠는가?" 이런 질문을 놓고 시험하는 기간을 둔다. 본인의 역량을 점검하는 시간도 있어야 한다. 과도한 목표를 세우고 달성하지 못해 좌절한다면 결국 포기하게 된다.

나 역시 간단한 목표로 시작한다. 요즘에는 영어 공부하기 좋은 앱이 많다. 그러면 하루에 딱 5분만 공부하자고 다짐한다. 이 5분조차도 귀찮고 힘들어서 건너뛰고 싶은 날이 많다. 처음부터 30분, 60분으로 목표를 잡으면 매일 실천하기 어렵다. 그러니 5분으로 확 줄인다. 5분이면 화장실에 다녀오거나 물 한 잔 마실 시간이다. "설마 5분도 못 하겠어?" 이렇게 마음을 다잡고 5분간 공부한다. 그러다 보면 어느 순간 깊이 몰입되는 날이 있다. 그런 날에는 30분, 60분씩 쭉 이어서 공부한다. 가끔 있는 날이다. 매일 이러리라고 기대하지는 말자. "오늘은 열심히 했네. 잘했어!" 스스로 칭찬하고 다음 날에도 5분으로 시작하자. 그러면 또 10분, 15분으로 넘어가기도 한다.

아주 작은 목표로 시작하자. 작은 성공을 쌓다 보면 큰 성공으로 도약한다. 성취감과 만족감을 느껴야 오래 이어갈 수 있다. 나 역시 이 방법으로 영어 실력이 크게 늘었다. 한때는 일주일에 두 번씩 영어 과외를 받았다. 한창 바쁠 때 회당 2시간씩이나 들였지만 실력이 늘지 않았다. 수업을 듣기는 하지만 스스로 나서서 하는 일이 없었다. 2년이나 그렇게 지냈는데도 얻은 게 없다. 그래서 작은 목표로 바꾸고 매일 조금씩 실천하기로 했다.

딱 5분이다. 모든 일에 통하는 전략이다. 단 5분, 10분, 20분만 잡고 목표와 과제를 만들자. 절대 과하게 잡지 않는다. 작고 단순한 과제로 시작한다. 이 전략은 달리기에도 통한다. 10분 달리기로 시작해 일주일 후에는 5분 늘린다. 이렇게 30~40분에서 60분까지 늘린다.

다이어트에 도전할 땐 최종 목표를 몇 개월 단위로 나눈다. 한 달이면 체중에서 5퍼센트 정도 빼는 게 가장 건강하고 올바른 방법이다. 그런데 2~3개월 만에 20킬로그램을 빼겠다는 식으로 과도한 목표를 세우면 이룰 수도 없을뿐더러 괜히 힘만 낭비하게 된다. 이러면 단계를 밟아가는 즐거움이 없다. 습관을 만들 수도, 목표를 이룰 수도 없다. 조금씩 차근차근 나아가자. 우선 작은 목표부터 세운다. 나쁜 습관을 끊어내고 좋은 습관을 몸에 익히자. 정크푸드와 탄수화물을 줄이고 좋은 음식을 조금씩 먹는 습관을 들이자. 운동도 5분부터 시작하고, 익숙해지면 1~2분씩 점차 늘리자. 성공으로 가는 길은 언제나 같다.

회복탄력성을
길러라

우리는 매사에 완벽할 수도, 한 번에 큰 성공을 맛볼 수도 없다. 실패를 당연하게 받아들이고, 넘어져도 일어서는 법을 배워야 한다. 우리나라 사람들은 회복탄력성이 유난히 약하다. 이 탓에 실수나 실패를 받아들이지 못하고 완벽주의 성향이 강하게 나타난다. 다른 사람의 시선을 많이 의식하는 문화에 영향을 받고 실패는 나쁘다는 인식이 생긴 탓이다. 그러니 실패하지 않기 위해 끝없이 달린다. 실패를 아무렇지 않게 받아들이려면 어려서부터 조금씩 익숙해져야 한다. 아이가 실패한 경험에서 무엇을 느꼈는지 묻고, 다음에는 어떤 점을 보완할지 생각하게 하자. 그러면 실패는 당연한 과정일 뿐 다음 기회에 더 나아질 수 있다는 생각이 든다. 다른 방식을 써보고 싶다는 호기심도 생긴다.

어릴 때 그런 경험을 쌓지 못했다고 평생 실패를 두려워하며 살아야 하는 건 아니다. 학습을 통해 극복하면 된다. 우리는 어떤 태도로 세상을 살아갈지 선택할 수 있다. 실패가 나쁜 것만은 아니며, 실패를 통해 많은 걸 경험하고 배울 수 있다는 사실을 배우고 받아들이면 된다. 내가 의식하는 데 비해 사람들은 남에게 큰 관심이 없다는 사실도 경험을 통해 깨닫는다. 자기가 남을 의식하는 마음이 큰 탓에 남들도 그만큼 의식할 거라고 여겼을 뿐이다.

유리공, 쇠공, 고무공이 있다고 생각해보자. 유리공은 바닥에 떨어지면 산산조각이 나고, 쇠공은 꼼짝없이 바닥에 붙어버린다. 하지만 고무공은 가볍게 땅을 박차고 다시 위로 올라간다. 어떤 공이 될지는 스스로 정할 수 있다. 삶은 결국 본인의 선택으로 완성된다는 사실을 잊지 말자.

이미 많은 걸 이룬 사람도 회복탄력성이 없다면 한순간에 좌절할 수 있다. 결국 멘탈이 관건이다. 실패해도 괜찮다. 일어서서 다시 시작하면 된다. 매일 새로운 아침, 새로운 시작이 찾아온다. 또 다른 하루가 내일도, 모레도 찾아온다. 매일 찾아오는 아침과 시작은 비슷해 보이면서도 매번 다르다. 같은 업무라도 어제와 오늘, 오늘과 내일은 다르다. 또 다른 시작을 기쁘게 받아들이는 사람에겐 문제를 이겨낼 힘, 이기는 멘탈이 깃든다.

생전 처음 도전한 일이 10년이고 20년이고 아무 탈 없이 잘되길 바라면 곤란하다. 그런 사람은 어디에도 없다. 심지어 기계도 고장 난다. 얼마든지 실패해도 좋다.

넘어져도 괜찮다. 다시 일어서서 나아가면 그만이다. 넘어지고 일어서는 간격을 조금씩 줄이자. 그러면 1년이든 10년이든 꾸준히 달려갈 힘이 생긴다. 도전하는 습관이 몸에 익으면 그게 진정 강한 멘탈, 이기는 멘탈이다. 그러니 자기만의 가치와 의미에 초점을 맞추자. 목표를 향해 달려가는 사람은 누구보다 멋지고 아름답다.

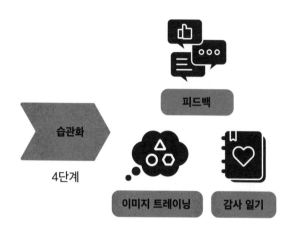

PART

SUMMARY

THE WINNING MENTALITY

- 피드백은 위치와 방향, 성취와 만족을 확인하는 최종 단계다.
- 언젠가는 부모와 코치에게서 독립해 제힘으로 일어서야 한다.
- 잘하고픈 요소를 10점 만점으로 평가하고 1점씩 끌어올리자.
- 꾸준하고 자세하게 '감사 일기'를 쓰며 좋은 감정을 되새기자.
- 나쁜 상황과 감정 속에서도 좋은 점을 찾아내는 법을 배우자.
- '나는 이런 사람'이라는 틀에서 벗어나, 스스로 다시 정의하자.
- 스트레스를 역이용해 추진력을 일으키는 연료로 삼자.
- 아주 작은 성공을 차곡차곡 쌓아 커다란 변화를 일으키자.
- 도전에는 당연히 실패가 따른다. 다시 일어서서 나아가자.

•

이제 당신이 이길 차례다

어떤 분야에서 상위권에 오르려면 당연히 기술과 실력을 쌓아야 한다. 하지만 최상위권에서 벌어지는 진정한 승부를 이겨내는 힘은 결국 '이기는 멘탈'에서 나온다. '이기는 멘탈'은 감정에 동요하지 않고, 방해하는 요소들에 휘둘리지 않고, 자기 자신의 주인이 돼 주체적으로 발휘하는 강력한 힘이다.

더 나은 사람이 되겠다는 욕구를 갖고 노력하는 건 인간만의 특성이다. 우리가 성장하고 발전하기 위해 지금 실천해야 하는 가장 중요한 일은 정보와 생각의 늪에 빠지는 게 아니라 변화하고 행동하는 것이다. 그러려면 현재에 집중할 줄 알아야 한다. 현재에 집중하지 않으면 생각이 과거나 미래로 향하기 때문이다.

과정에 집중하지 않고 결과에만 연연하는 선수는 당장 해야 할 동작에 집중하지 못한다. 미래에 나올 결과에 대한 불안에 휩싸여 제 실력을 발휘하지 못할 때가 많다. 혹은 과거에 한 실수를 떠올리고 같은 일을 반복할까 두려워하는 마음에 휘둘린다. 우리 생각 대부분은 과거나 미래에 관한 내용이다. 그러나 과거를 바로잡을 수도, 미래를 미리 조종할 수도 없다. 가장 중요한 일은 자신이 뭘 생각하는지 알아차리고 받아들이는 것이다. 괜한 생각을 멈추고 현재를 느껴라. 지금 해야 할 일로 돌아와라.

사람들 대부분은 부정적인 일을 잘 기억하고 크게 받아들인다. 그러나 잘한 일은 제대로 기억하지 못하고 당연한 성과로 치부하는 경우가 많다. 이런 태도는 큰 실수다. 열 번 중 한 번이라도 성공한다면 그 경험을 잘 기억해야 한다. 우리는 성공을 경험하면서 할 수 있다는 자신감을 얻는다. 그러면 시야가 예전과 달라졌음을 느낄 수 있다. 성공한 기억은 그 경험을 재현하게 돕는다. 그래서 한 분야에서 성공한 사람은 다른 분야에서도 성공하기 쉽고, 스포츠 현장에서는 우승해본 사람이 또 우승한다. 나쁜 일만 기억하면 부정적인 이미지 트레이닝이 일어나 또다시 그런 일을 겪게 된다. 성공 경험을 기억하고 하나라도 더 쌓으려 노력하자. 두려워서 망설이거나 시도조차 못 하기보다는 과감하게 도전하고 경험을 쌓는 게 낫다.

이 책에서는 기록하는 방법을 여럿 소개했다. 기록은 가장 확실한 자기관리 기법이자 행동과 변화로 이끄는 도구다. 꾸준한 기록으로 자기만의 관리 습관을 만들어보자.

고객을 만나 멘탈코칭을 하다 보면 좌절로 이어지는 몇몇 순간을 만난다. 정말 열심히 준비했기에 모든 대비가 됐다고 여기며, 실전도 준비한 대로 잘 흘러가리라 믿을 때다.

하지만 실전은 준비할 때와 다르다. 준비 과정에서 열심히 연습했다면, 실전은 업그레이드된 또 다른 연습이라 생각해야 한다. 운동선수들은 철마다 바짝 집중해서 맹연습하는 전지훈련 기간을 갖는다. 전지훈련이 끝나면 곧장 새로운 시즌이 시작된다. 선수들 대부분은 새로운 시즌이 시작되자마자 좌절의 쓴맛을 본다. 전지훈련에서 모든 준비를 잘 마쳤기에 시즌 시작과 동시에 좋은 결과가 나오길 바라는 마음 탓이다. 다시 말하지만 새로운 시즌은 또 다른 연습의 시작일 뿐이다. 실전에서도 실수를 반복하고 많은 걸 익혀야 한다는 사실을 잊지 말자. 한 번에 모든 걸 쏟아내는 게 아니라 실전을 몇 번이고 되풀이하며 자기 자신을 단단하게 단련해야 한다. 기대감으로 부푼 환상을 좇지 말고 현실에서 실수를 받아들일 자세를 취하는 게 좋다. 그렇게 실전에서 배우는 과정이 곧 인생이다.

2024년 6월

심리코치 정그린

이기는 멘탈을 위한 추천 도서

1. 《마인드셋》 캐롤 드웩 지음, 김준수 옮김, 스몰빅라이프, 2023

건강한 마인드셋은 꼭 필요한 소양이다. 특히 우리나라 학부모가 읽으면 좋겠다. 나쁜 학부모는 아이들을 다그치거나 도구처럼 여긴다. 우리나라 교육 현실을 들여다보면 속상한 지점이 너무 많다. 좋은 학부모가 되려면 꼭 읽어야 하는 책이다. 어떤 태도로 살아가야 발전할 수 있는지 학부모뿐만 아니라 우리 모두에게 지표를 제공하는 훌륭한 책이다.

2. 《세로토닌하라!》 이시형 지음, 중앙북스, 2010

요즘 시대에는 SNS와 미디어의 발달로 우리 모두가 너무 많은 정보에 노출돼 있다. 정말 순수한 '나'의 상태, 자연스러운 상태로 지내기가 힘들어졌다. 자기 스스로 주인이 되지 못하고 온갖 정보에 끌려다닌다. 이 책은 이렇게 복잡한 세상에서 어떻게 해야 자기 자신을 맑게 바꾸고 지켜나갈 수 있는지 아주 쉽고 근본적인 이야기를 들려준다.

3. 《공중그네》 오쿠다 히데오 지음, 이영미 옮김, 은행나무, 2005

소설이다. 정신과 의사 이라부가 유쾌하고 독특하게 환자들을 치료한다. 가벼운 내용이지만 우울한 상황을 어떻게 해결할지 생각해볼 수 있다. 꼭 심각한 방법이 아니어도 괜찮지 않은가.

이기는 멘탈

초판 1쇄 발행 2024년 7월 15일
초판 2쇄 발행 2024년 7월 20일

지은이 | 정그린

발행인 | 유영준
편집팀 | 한주희, 권민지, 임찬규
마케팅 | 이운섭
디자인 | studio forb
인쇄 | 두성P&L
발행처 | 와이즈맵
출판신고 | 제2017-000130호(2017년 1월 11일)

주소 | 서울 강남구 봉은사로16길 14, 나우빌딩 4층 쉐어원오피스 (우편번호 06124)
전화 | (02)554-2948
팩스 | (02)554-2949
홈페이지 | www.wisemap.co.kr

ISBN 979-11-89328-80-1 (03190)